Versicherung der Autorschaft und sorgfältigen Recherche

Hiermit versichere ich, dass diese Buchausgabe keine Fremdtexte oder Zitate anderer Autoren enthält. Für meine redaktionelle Arbeit habe ich ausschließlich mein eigenes Wissen und meine eigene Expertise, sowie die von Maschinen verwendet. Die Inhalte, die ich von Maschinen verwendet habe, wurden von mir sorgfältig nach bestem Wissen und Gewissen überprüft und redigiert.

Bibliografische Information der Deutschen Nationalbibliothek:

Die Deutsche Nationalbibliothek verzeichnet diese Publikation in der Deutschen Nationalbibliografie; detaillierte bibliografische Daten sind im Internet über https://dnb.dnb.de abrufbar.

© 2025 Name Rechteinhabers **Lothar Herbst**

Illustration: Lothar Herbst
Übersetzung: keine
weitere Unterstützer-Fotos: keine

Verlag: BoD · Books on Demand GmbH, Überseering 33, 22297 Hamburg, bod@bod.de
Druck: Libri Plureos GmbH, Friedensallee 273, 22763 Hamburg

ISBN-Nummer: **978-3-7693-2548-5**

Fotografie und Videobearbeitung

„zwischen Pixeln und Frames"

Ausgabe 2025

Lothar Herbst

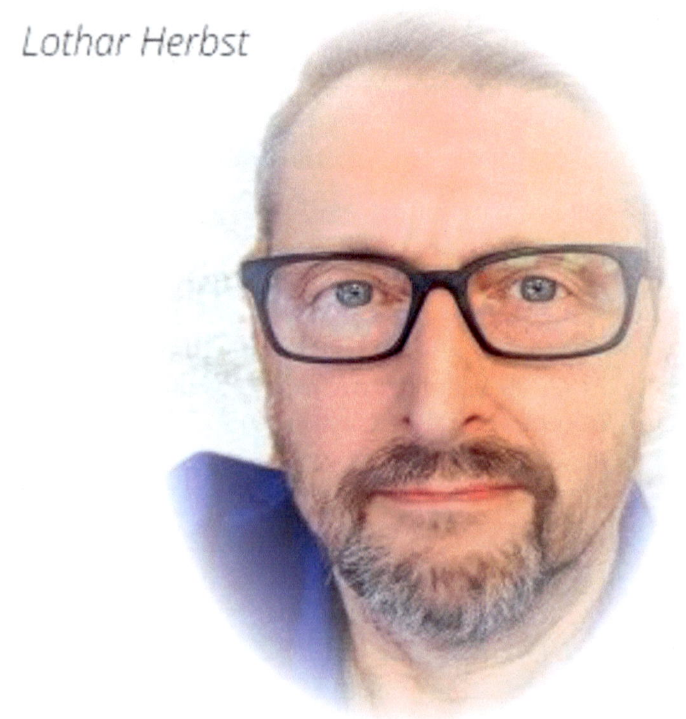

VORWORT

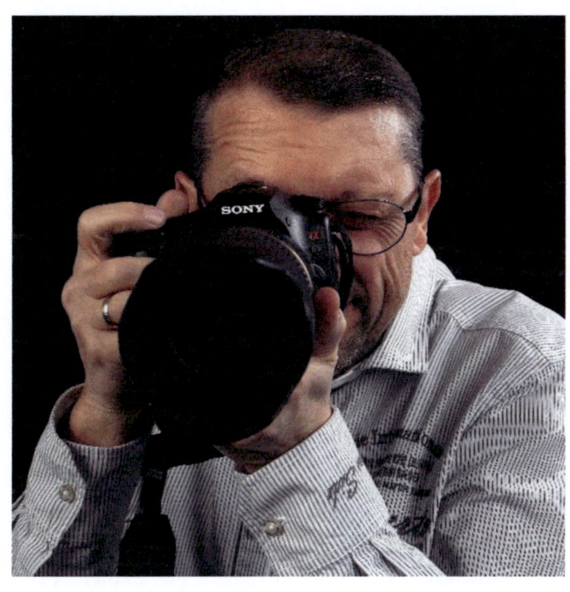

Herzlich willkommen zu meinem Buch

"Fotografie und Videobearbeitung"!

In den folgenden Seiten tauchen Sie in die faszinierende Welt der visuellen Gestaltung ein, in der Fotografie und Videobearbeitung zu unverzichtbaren Werkzeugen geworden sind. Dieses Buch ist für alle gedacht, die ihre kreativen Fähigkeiten entfalten möchten, sei es als Hobby-Fotografen, angehende Filmemacher oder gestandene Content-Creator.

In einer Zeit, in der visuelle Eindrücke unser Leben durchdringen und eine universelle Sprache sprechen, gewinnt die Kunst der Fotografie und Videobearbeitung zunehmend an Bedeutung. Nie zuvor waren wir so befähigt, unsere Erinnerungen, Geschichten und Ideen in Bildern und Bewegtbildern festzuhalten und mit der Welt zu teilen. Doch hinter diesen atemberaubenden Bildern steckt oft eine komplexe Welt aus Technik, Kreativität und Handwerk.

Dieses Buch dient als Ihr verlässlicher Begleiter auf dieser aufregenden Reise. Egal, ob Sie gerade erst anfangen oder bereits Erfahrung in der Fotografie und Videobearbeitung haben, hier finden Sie praktische Anleitungen, kreative Inspiration und fundierte Einblicke in die wichtigsten Aspekte dieser Kunstformen. Von den Grundlagen der Belichtung und Komposition bis hin zur professionellen Bearbeitung von Fotos und Videos lernen Sie Schritt für Schritt, wie Sie Ihre Fähigkeiten ausbauen und beeindruckende Ergebnisse erzielen können.

Denken Sie daran, dass Technik allein nicht ausreicht, um großartige Bilder zu erschaffen. Die wahre Magie entsteht, wenn Sie Ihre persönliche Perspektive, Ihre Leidenschaft und Ihre Geschichte in Ihre Arbeiten einfließen lassen. Nehmen Sie sich die Zeit, die Welt mit neuen Augen zu sehen, die Kamera als Erweiterung Ihrer Kreativität zu begreifen und jede Aufnahme als eine Möglichkeit zur Selbstexpression zu nutzen.

Ich hoffe aufrichtig, dass dieses Buch Ihnen nicht nur dabei hilft, Ihre technischen Fähigkeiten zu verbessern, sondern auch Ihre künstlerische Vision zu entfalten. Mögen Sie von den Inhalten in diesem Buch genauso viel Freude beim Lernen und Entdecken haben, wie ich beim Verfassen hatte.

Denken Sie daran, dass jeder Schritt auf Ihrer Reise zu einem besseren Fotografen und Videobearbeiter zählt. Also, lassen Sie uns gemeinsam eintauchen und die Welt durch den Sucher betrachten!

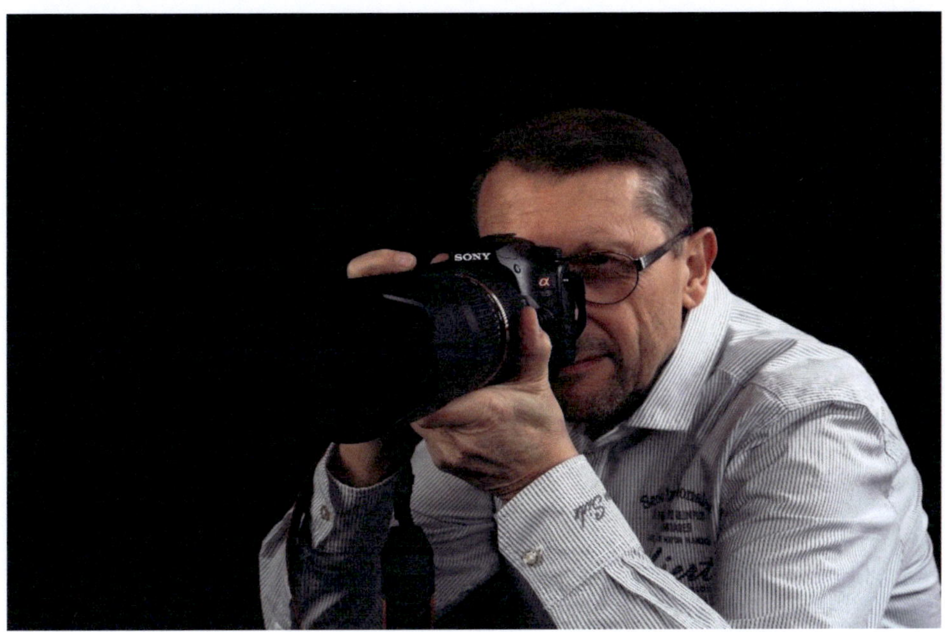

Inhaltsverzeichnis

Inhaltsverzeichnis

Geschichte der Fotografie

Die Geschichte der Fotografie ist eine faszinierende Reise durch technologische Fortschritte, kreative Innovationen und kulturelle Veränderungen. Sie erstreckt sich über mehr als ein Jahrhundert und hat die Art und Weise, wie wir die Welt sehen und dokumentieren, grundlegend verändert. Hier ist ein Überblick über die wichtigsten Meilensteine in der Geschichte der Fotografie:

Vorläufer der Fotografie: Bereits im 5. Jahrhundert v. Chr. beschrieb der griechische Philosoph Aristoteles die Bildprojektion durch eine kleine Öffnung, die als Camera Obscura bekannt ist. Dieses Prinzip war ein Vorläufer der späteren Fotografie.

Entdeckung der Camera Obscura: Im 11. Jahrhundert nutzten arabische Gelehrte die „Camera Obscura", um Bilder aufzuzeichnen und zu projizieren. Diese Idee führte zu weiteren Entwicklungen in der Optik.

Erste fotografierte Bilder (1820s-1830s): Verschiedene Wissenschaftler und Forscher begannen im frühen 19. Jahrhundert, lichtempfindliche Materialien zu verwenden, um Bilder zu erzeugen. Der Franzose Joseph Nicéphore Niépce gilt oft als der Erfinder der Fotografie.

1826 gelang ihm die erste dauerhafte Fotografie durch eine Belichtungszeit von mehreren Stunden.

Daguerreotypie (1839-1850s): Der französische Erfinder Louis Daguerre verfeinerte die Fotografie-Technik und stellte 1839 das Daguerreotypie-Verfahren vor, bei dem Silberplatten mit Quecksilberdämpfen behandelt wurden, um dauerhafte Bilder zu erzeugen.

Papiernegative und -positive (1840s-1850s): William Henry Fox Talbot entwickelte das Kalotypie-Verfahren, bei dem auf Papier basierende Negative und Positive verwendet wurden. Dies ermöglichte die Herstellung mehrerer Abzüge von einem einzigen Negativ.

Weitere fotografische Verfahren (1850s-1860s): In den folgenden Jahrzehnten wurden verschiedene Verfahren entwickelt, darunter das Ambrotypie-Verfahren, bei dem das Bild auf Glasplatten aufgezeichnet wurde, und das Kollodium-Nassplattenverfahren, das die Belichtungszeiten verkürzte.

Erfindung der Rollfilmkamera (1880s): George Eastman revolutionierte die Fotografie, indem er 1888 die Kodak-Kamera auf den Markt brachte. Diese Kamera verwendete Rollfilm und wurde von Kodak entwickelt, um den gesamten Prozess von der Aufnahme bis zur Entwicklung für den Endverbraucher zugänglicher zu machen.

Farbfotografie (1900s): Die Entwicklung der Farbfotografie erstreckte sich über mehrere Jahrzehnte. 1935 präsentierte Kodak den ersten farbigen Rollfilm namens "Kodachrome".

Analoge Fotografie im 20. Jahrhundert: Die analoge Fotografie blühte im 20. Jahrhundert auf. Kleinbildkameras, Spiegelreflexkameras und weitere Innovationen machten die Fotografie für die breite Öffentlichkeit zugänglich.

Digitale Revolution (ab den 1990er Jahren): Die Einführung digitaler Fotografie veränderte die Spielregeln grundlegend. Mit der Verbreitung von Digitalkameras und Mobiltelefonen mit Kameras wurde die Fotografie noch alltäglicher.

Moderne Ära der Fotografie: Die digitale Technologie ermöglichte nicht nur die sofortige Anzeige und Bearbeitung von Bildern, sondern auch die Verbreitung über das Internet und soziale Medien. Fortschritte in der

Bildbearbeitung und -manipulation haben die kreative Gestaltung weiter vorangetrieben.

Die Geschichte der Fotografie ist eine reiche Reise von einfachen Anfängen bis hin zur komplexen und vielfältigen visuellen Kultur von heute. Von den ersten Daguerreotypien bis zu den hochauflösenden digitalen Bildern hat die Fotografie unser Verständnis von Kunst, Geschichte und Kommunikation tiefgreifend beeinflusst.

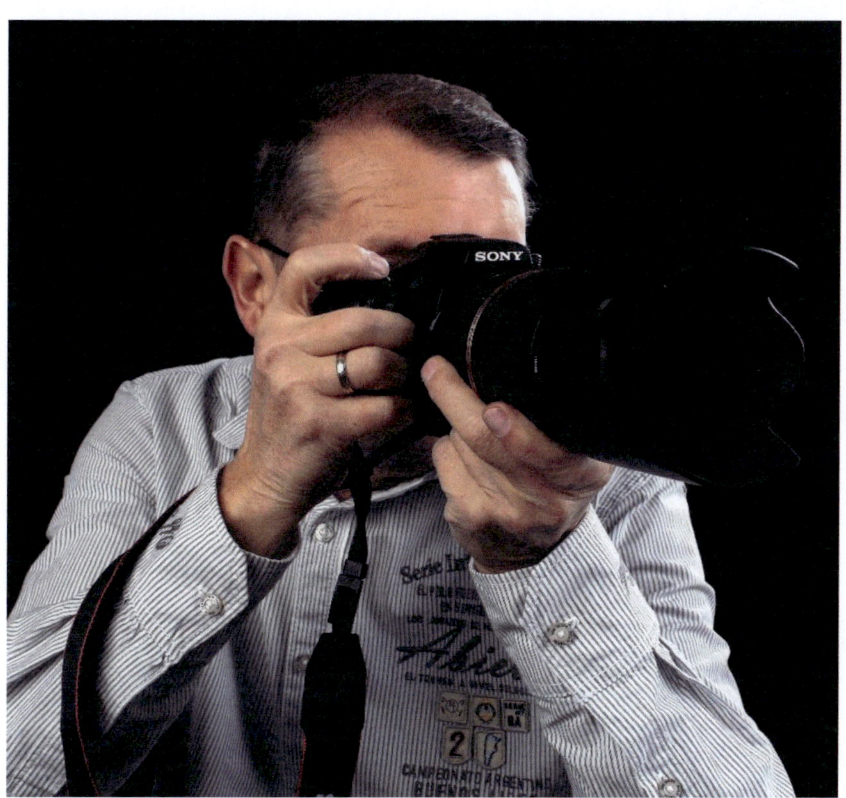

Fotografie-Genres

Die Fotografie umfasst eine breite Palette von Genres, die verschiedene Aspekte des Lebens, der Kunst und der Kommunikation erfassen. Jedes Genre hat seine eigenen Charakteristika, Stile und Zwecke. Hier sind einige der bekanntesten Fotografie Genres:

Porträtfotografie: Porträts sind Aufnahmen von Menschen, die ihre Persönlichkeit, Ausdruck und Charaktereigenschaften einfangen. Porträtfotografie kann von Studioporträts bis hin zu Umgebungsporträts reichen und beinhaltet oft die Betonung von Gesichtern und Emotionen.

Landschaftsfotografie: Dieses Genre konzentriert sich auf die Darstellung natürlicher Umgebungen wie Berge, Seen, Wälder und Meere. Landschaftsfotografie kann sowohl dramatische als auch ruhige Szenen erfassen und nutzt oft Licht, Wetter und Perspektive, um beeindruckende Bilder zu erzeugen.

Street-Fotografie: Street-Fotografie erfasst das Leben und die Szenen im öffentlichen Raum. Fotografen fangen oft spontane Momente, Emotionen und Interaktionen zwischen Menschen ein und betonen die Authentizität des Alltags.

Dokumentarfotografie: Dieses Genre zielt darauf ab, reale Ereignisse, Menschen und Orte zu dokumentieren. Dokumentarfotografen erzählen Geschichten durch Bilder und decken soziale, politische oder kulturelle Themen auf.

Modefotografie: Modefotografie ist stark von Stil und Ästhetik geprägt. Sie präsentiert Kleidung, Accessoires und Modelle auf kreative und oft ansprechende Weise. Modefotografie kann in Magazinen, Werbung oder auf Laufstegen zu sehen sein.

Architekturfotografie: In diesem Genre geht es um die Darstellung von Gebäuden, Strukturen und städtischen Umgebungen. Fotografen betonen oft die Linien, Formen und Details von Architekturelementen.

Stillleben-Fotografie: Stillleben sind arrangierte Kompositionen von Objekten. Dieses Genre erfasst oft Objekte des täglichen Lebens oder Kunstwerke und kann stark von Beleuchtung, Farbe und Komposition geprägt sein.

Natur- und Tierfotografie: Diese Genres konzentrieren sich auf die Welt der Tiere, Pflanzen und Naturszenen. Naturfotografie kann von Tieraufnahmen bis hin zu Makroaufnahmen von Blumen oder Insekten reichen.

Reisefotografie: Reisefotografie erfasst die Eindrücke und Sehenswürdigkeiten von verschiedenen Orten auf der Welt. Sie kann sowohl kulturelle Aspekte als auch landschaftliche Schönheiten einfangen.

Makrofotografie: Makrofotografie befasst sich mit Nahaufnahmen kleiner Objekte, oft um Details zu enthüllen, die dem bloßen Auge normalerweise entgehen würden.

Sportfotografie: Dieses Genre erfasst sportliche Ereignisse, Athleten in Aktion und emotionale Momente auf dem Spielfeld.

Astrofotografie: Astrofotografie widmet sich der Erfassung von Himmelskörpern, Sternen, Planeten und anderen astronomischen Erscheinungen. Jedes dieser Fotografie-Genres bietet eine einzigartige Perspektive und kreative Möglichkeiten, die Welt um uns herum festzuhalten und auszudrücken. Fotografen können sich auf ein oder mehrere Genres spezialisieren, je nach ihren Interessen und Fähigkeiten.

Fotografie-Ausrüstung

Die richtige Fotografie-Ausrüstung ist entscheidend, um qualitativ hochwertige Bilder zu erzeugen und deiner kreativen Vision Ausdruck zu verleihen. Von Kameras und Objektiven bis hin zu Zubehör wie Stativen und Blitzgeräten spielen verschiedene Ausrüstungskomponenten eine wichtige Rolle in der Welt der Fotografie. Hier sind einige grundlegende Elemente der Fotografie Ausrüstung:

Kamera: Die Kamera ist das Herzstück der Fotografie Ausrüstung. Es gibt eine breite Palette von Kameras zur Auswahl, darunter DSLRs (Digital Single-Lens Reflex), spiegellose Kameras, Kompaktkameras und mehr. Die Wahl der Kamera hängt von deinen Anforderungen, Vorlieben und Budget ab.

Objektive: Objektive beeinflussen die Bildqualität, Schärfentiefe und Perspektive deiner Fotos. Je nach Fotografie Genre kannst du Weitwinkel-, Standard-, Tele, Makro- oder Zoomobjektive wählen. Die Auswahl von hochwertigen Objektiven ist entscheidend für scharfe und detailreiche Bilder.

Stativ: Ein Stativ bietet Stabilität und ermöglicht Langzeitbelichtungen, makrofotografische Präzision und scharfe Aufnahmen in schwachem Licht. Es gibt verschiedene Arten von Stativen, darunter Reisestative, Stative mit Kugelkopf und Schwenkarmstative.

Blitzgerät: Ein externes Blitzgerät ermöglicht zusätzliches Licht in Szenen mit schlechten Lichtverhältnissen. Es kann auch verwendet werden, um kreative Lichteffekte zu erzeugen und Schatten zu mildern.

Speicherkarten und -medien: Hochwertige und ausreichend große Speicherkarten sind wichtig, um viele Fotos aufnehmen und speichern zu können. Es ist ratsam, mehrere Speicherkarten zur Hand zu haben, insbesondere bei längeren Fotoshootings.

Kameratasche oder Rucksack: Eine geeignete Tragetasche oder ein Rucksack schützt deine Ausrüstung vor Beschädigungen und Witterungseinflüssen. Es gibt spezialisierte Taschen für verschiedene Kameras und Objektive.

Reinigungszubehör: Reinigungstücher, Blasebalg und Reinigungsflüssigkeiten sind wichtig, um deine Kamera und Objektive sauber zu halten und Staub oder Schmutz zu entfernen.

Zusatz-Akkus: Zusätzliche Akkus sind besonders wichtig für längere Fotoshootings oder Reisen, um sicherzustellen, dass dir der Strom nicht ausgeht.

Fernauslöser und Intervallometer: Diese Zubehörteile ermöglichen es dir, die Kamera aus der Ferne auszulösen, was besonders nützlich ist, wenn du Langzeitbelichtungen oder Selbstporträts erstellst.

Filter: Filter wie UV-Filter, Polfilter oder ND-Filter können verwendet werden, um Effekte wie Schutz, Kontraststeigerung oder Langzeitbelichtungen zu erzeugen.

Lichtzubehör: Für Studiofotografie oder kreatives Arbeiten mit Licht können Lichtstative, Softboxen, Reflektoren und Hintergrundsysteme eingesetzt werden.

Laptop oder Computer: Zum Anzeigen, Bearbeiten und Speichern deiner Fotos benötigst du einen geeigneten Computer oder Laptop mit Bildbearbeitungssoftware.

Die Auswahl der richtigen Fotografie-Ausrüstung hängt von deinem fotografischen Stil, deinen Zielen und deinem Budget ab. Es ist wichtig, die Ausrüstung zu verstehen und zu beherrschen, um das Beste aus deinen Aufnahmen herauszuholen.

Einstellmodi SLT- und DSLR- Kameras

Die Single-Lens Translucent (SLT) Kameras sind eine besondere Art von spiegellosen Systemkameras, die von Sony entwickelt wurden. Eine der bemerkenswerten Eigenschaften dieser Kameras ist das Translucent-Mirror-Design, bei dem ein halbdurchlässiger Spiegel (Translucent Mirror) im Kameragehäuse platziert ist.

Dieses Design unterscheidet sie von herkömmlichen DSLR-Kameras (Digital Single-Lens Reflex), bei denen der Spiegel sich bewegt, um zwischen dem optischen Sucher und dem Sensor zu wechseln. Die SLT-Kameras verwenden dagegen den halbdurchlässigen Spiegel, um das Licht sowohl zum Bildsensor als auch zum Phasenerkennungs-Autofokussensor zu lenken.

Die Einstellmodi in einer SLT-Kamera ermöglichen es dem Fotografen, die verschiedenen Parameter der Aufnahme zu steuern, um die gewünschten Ergebnisse zu erzielen. Hier sind einige der gängigen Einstellmodi, die in SLT-Kameras zu finden sind:

Automatikmodus (Auto): In diesem Modus übernimmt die Kamera die meisten Einstellungen automatisch, darunter Belichtung, Fokus und Weißabgleich. Dies ist ideal für Anfänger oder Situationen, in denen schnelles Handeln erforderlich ist.

Programmautomatik (P): Dieser Modus ermöglicht dem Fotografen die Kontrolle über einige Einstellungen, während andere automatisch angepasst werden. Zum Beispiel kann der Benutzer die Blende oder die Verschlusszeit manuell einstellen, während die Kamera den Rest optimiert.

Blendenpriorität (A/Av): In diesem Modus legt der Fotograf die Blendenöffnung fest, während die Kamera die passende Verschlusszeit berechnet. Dies ermöglicht die Steuerung der Schärfentiefe und beeinflusst die Hintergrundunschärfe.

Verschlusszeitpriorität (S/Tv): Hier wählt der Fotograf die Verschlusszeit aus, während die Kamera die passende Blende einstellt. Dies ist nützlich, um Bewegung einzufrieren oder Bewegungsunschärfe zu erzeugen.

Manueller Modus (M): Im manuellen Modus hat der Fotograf volle Kontrolle über die Blende, Verschlusszeit und andere Einstellungen. Dies ist besonders nützlich, um bei schwierigen Lichtverhältnissen oder spezifischen kreativen Absichten zu arbeiten.

Kreativmodi: Viele SLT-Kameras bieten spezielle Modi wie "Portrait", "Landschaft", "Sport" oder "Nacht", die optimierte Einstellungen für diese Aufnahmesituationen bieten.

Videoaufnahme-Modus: Dieser Modus ermöglicht die Aufnahme von Videos. Hier kann der Benutzer oft auch manuelle Einstellungen für Belichtung, Fokus und Ton vornehmen.

Benutzerdefinierte Modi: Einige Kameras bieten die Möglichkeit, benutzerdefinierte Einstellungen zu speichern, die schnell abgerufen werden können, um spezifische Aufnahmeanforderungen zu erfüllen.

Die Einstellmodi in einer SLT-Kamera bieten dem Fotografen eine breite Palette von Optionen, um die gewünschten Aufnahmen zu erzielen, sei es in automatischen oder manuellen Einstellungen. Jeder Modus hat seine eigenen Vorzüge und eignet sich für verschiedene Aufnahmeszenarien und kreative Ansätze.

DSLR-Kameras:

Digital Single-Lens Reflex (DSLR) Kameras sind bekannt für ihre Vielseitigkeit und Kontrollmöglichkeiten, die Fotografen ermöglichen, verschiedene Aspekte ihrer Aufnahmen anzupassen. Die Einstellmodi in einer DSLR-Kamera bieten eine Auswahl an Optionen, um die gewünschten Ergebnisse zu erzielen. Hier sind einige der gängigen Einstellmodi, die in DSLR-Kameras zu finden sind:

Automatikmodus (Auto): Ähnlich wie bei anderen Kameratypen übernimmt die Kamera im Automatikmodus die meisten Einstellungen, einschließlich Belichtung, Fokus und Weißabgleich. Dies ist ein einfacher Modus für Anfänger oder Situationen, in denen Schnelligkeit gefragt ist.

Programmautomatik (P): Dieser Modus bietet eine halbautomatische Einstellung, bei der die Kamera die Blende und Verschlusszeit basierend auf den Lichtverhältnissen berechnet. Der Fotograf kann jedoch andere Einstellungen wie ISO oder Belichtungskorrektur anpassen.

Blendenpriorität (A/Av): Hier wählt der Fotograf die Blendenöffnung, während die Kamera die passende Verschlusszeit automatisch einstellt. Dies ermöglicht die Kontrolle über die Schärfentiefe und die Beeinflussung des Hintergrunds.

Verschlusszeitpriorität (S/Tv): In diesem Modus wählt der Fotograf die Verschlusszeit, während die Kamera die entsprechende Blende anpasst. Dies ist nützlich, um Bewegung einzufrieren oder Bewegungsunschärfe zu erzeugen.

Manueller Modus (M): Im manuellen Modus hat der Fotograf die volle Kontrolle über Blende, Verschlusszeit, ISO und andere Einstellungen. Dies ist ideal, um bei schwierigen Lichtverhältnissen oder für spezifische kreative Absichten zu arbeiten.

Kreativmodi: Viele DSLR-Kameras bieten spezielle Modi wie "Portrait", "Landschaft", "Sport" oder "Nacht", die optimierte Einstellungen für diese Aufnahmesituationen bieten.

Bulb-Modus: Dieser Modus ermöglicht es dem Fotografen, den Verschluss so lange offen zu halten, wie der Auslöser gedrückt wird. Dies ist nützlich für Langzeitbelichtungen und Astrofotografie.

Videoaufnahme-Modus: Dieser Modus ermöglicht die Aufnahme von Videos. Hier kann der Benutzer oft auch manuelle Einstellungen für Belichtung, Fokus und Ton vornehmen.

Benutzerdefinierte Modi: Viele DSLR-Kameras bieten die Möglichkeit, benutzerdefinierte Einstellungen zu speichern, die schnell abgerufen werden können, um spezifische Aufnahmeanforderungen zu erfüllen.

Die Einstellmodi einer DSLR-Kamera bieten Fotografen eine umfangreiche Palette von Optionen, um die gewünschten Aufnahmen zu erzielen. Jeder Modus hat seine eigenen Vorzüge und ist für verschiedene Aufnahmeszenarien und kreative Herangehensweisen geeignet. Von vollautomatischen Einstellungen bis hin zu vollständiger manueller Kontrolle bieten DSLR-Kameras die Flexibilität, sich an die individuellen Anforderungen und Vorlieben der Fotografen anzupassen.

Fototechniken

Fototechniken sind entscheidend, um das volle kreative Potenzial deiner Kamera auszuschöpfen und beeindruckende Bilder zu erstellen. Diese Techniken reichen von grundlegenden Einstellungen wie Belichtung und Fokus bis hin zu fortgeschritteneren Methoden wie Langzeitbelichtung und Schärfentiefe. Hier sind einige wichtige Fototechniken:

Belichtung: Die Belichtung bezieht sich auf die Menge an Licht, die den Bildsensor erreicht. Die richtige Belichtung zu erzielen, ist entscheidend, um Details in den Schatten und Lichtern zu erhalten. Belichtung wird durch die Kombination von Blende, Verschlusszeit und ISO-Empfindlichkeit gesteuert.

Blende: Die Blende bestimmt die Größe der Öffnung in der Linse, durch die Licht eintritt. Sie beeinflusst die Schärfentiefe (wie viel vom Bild scharf ist) und die Menge des einfallenden Lichts. Kleine Blendenöffnungen (hohe Blendenzahlen) erzeugen eine größere Schärfentiefe, während große Blendenöffnungen (niedrige Blenden-zahlen) eine geringere Schärfentiefe erzeugen.

Verschlusszeit: Die Verschlusszeit bestimmt, wie lange der Verschluss der Kamera geöffnet bleibt, um Licht auf den Sensor zu lassen. Sie beeinflusst die Bewegung in einem Bild. Schnelle Verschlusszeiten frieren Bewegung ein, während langsame Verschlusszeiten Bewegungsun-schärfe erzeugen.

ISO-Empfindlichkeit: Die ISO-Empfindlichkeit regelt die Lichtempfindlichkeit des Sensors. Höhere ISO-Werte eignen sich für schlechte Lichtverhältnisse, erhöhen jedoch das Bildrauschen. Niedrigere ISO-Werte werden bei gutem Licht verwendet, um Rauschen zu minimieren.

Schärfentiefe: Die Schärfentiefe beschreibt den Bereich im Bild, der scharf abgebildet wird. Sie wird durch die Kombination von Blende, Brennweite und Entfernung zum Motiv beeinflusst. Eine geringe Schärfentiefe isoliert das Motiv vom Hintergrund, während eine große Schär-fentiefe das gesamte Bild scharf hält.

Fokus: Der Fokus bestimmt, welcher Teil des Bildes scharf abgebildet wird. Autofokus verwendet Sensoren, um das Motiv automatisch scharf zu stellen, während manueller Fokus die manuelle Einstellung erfordert.

Weiße Balance: Die Weiße Balance reguliert die Farbtemperatur eines Bildes, um natürliche Farben unter verschiedenen Lichtbedingungen zu erhalten. Einstellungen wie Tageslicht, Kunstlicht oder Schatten können verwendet werden, um Farbstiche zu korrigieren.

Langzeitbelichtung: Langzeitbelichtungen werden verwendet, um Bewegungseffekte zu erzeugen, wie z.B. das Verwischen von Wasser oder das Erfassen von Sternenspuren. Dazu wird die Verschlusszeit verlängert.

Makrofotografie: Die Makrofotografie ermöglicht die Aufnahme von extrem nahen Details, oft von kleinen Objekten wie Insekten, Blumen oder Texturen.

Panorama: Panoramabilder werden aus mehreren aufeinander folgenden Aufnahmen zusammengesetzt, um einen breiteren Sichtbereich zu erstellen.

Diese Fototechniken sind Werkzeuge, die es Fotografen ermöglichen, ihre kreativen Ideen auszudrücken und vielfältige visuelle Geschichten zu erzählen. Je besser du diese Techniken verstehst und anwendest, desto besser wirst du in der Lage sein, deine fotografische Vision umzusetzen.

Bildkomposition

Die Bildkomposition ist ein zentrales Element der Fotografie, das darüber entscheidet, wie ein Bild visuell wahrgenommen wird und welche Botschaft es vermittelt. Eine gelungene Komposition lenkt die Aufmerksamkeit des Betrachters auf das Hauptmotiv und verleiht dem Bild eine ästhetische und erzählerische Qualität. Hier sind einige wichtige Aspekte der Bildkomposition:

Goldener Schnitt und Drittelregel: Diese beiden Prinzipien beziehen sich auf die Aufteilung des Bildes in Drittel oder den goldenen Schnitt, um das Motiv an den Schnittpunkten oder entlang der Linien zu platzieren. Dies schafft visuell ansprechende und ausgewogene Kompositionen.

Bildaufteilung: Die Art und Weise, wie du das Bild in Vordergrund, Mittelgrund und Hintergrund aufteilst, beeinflusst die Tiefenwahrnehmung und schafft räumliche Tiefe.

Symmetrie und Asymmetrie: Symmetrische Kompositionen sind ausgewogen und ruhig, während asymmetrische Kompositionen Spannung und Dynamik erzeugen können.

Framing und Bildrahmung: Die Verwendung von natürlichen Elementen wie Bäumen, Fenstern oder Türen, um das Hauptmotiv zu umrahmen, lenkt die Aufmerksamkeit auf das Motiv und erzeugt Tiefe im Bild.

Linien und Perspektiven: Linien im Bild, sei es horizontal, vertikal oder diagonal, können den Blick des Betrachters lenken und Bewegung oder Tiefe erzeugen. Perspektiven, wie z.B. eine Frosch- oder Vogelperspektive, bieten ungewöhnliche Sichtweisen.

Negative und positive Räume: Die Nutzung von negativem Raum (leerer Raum um das Motiv herum) kann das Hauptmotiv betonen und ihm Raum geben, um zu "atmen".

Fokuspunkt: Der Fokuspunkt ist das Hauptmotiv deines Bildes. Er sollte scharf und gut platziert sein, um die Aufmerksamkeit des Betrachters zu erregen.

um die Farben genauer wiederzugeben oder eine bestimmte Stimmung zu erzeugen.

Kontrast und Helligkeit: Durch die Anpassung von Kontrast und Helligkeit kannst du die visuellen Unterschiede zwischen den hellen und dunklen Bereichen im Bild verbessern.

Schärfung und Weichzeichnung: Die Schärfung verbessert die Detailgenauigkeit in einem Bild, während die Weichzeichnung verwendet werden kann, um bestimmte Teile des Bildes zu glätten oder einen kreativen Effekt zu erzielen.

Retusche und Klonen: Mit diesen Werkzeugen können unerwünschte Flecken, Staub oder Objekte aus dem Bild entfernt werden. Es ist wichtig, subtile Retuschen durchzuführen, um das Bild natürlich aussehen zu lassen.

Filter und Effekte: Verschiedene Filter und Effekte können auf das Bild angewendet werden, um Stile zu verändern, Vignettierung hinzuzufügen, den Vintage-Look zu erzeugen und vieles mehr.

Zuschnitt und Rotation: Du kannst das Bild zuschneiden, um den Bildausschnitt zu ändern, oder das Bild drehen, um die Ausrichtung anzupassen.

Ebenen und Masken: Fortgeschrittene Bearbeitungssoftware unterstützt Ebenen und Masken, mit denen du Änderungen in getrennten Schichten vornehmen und selektive Anpassungen durchführen kannst.

HDR (High Dynamic Range): Durch die Kombination mehrerer Aufnahmen mit unterschiedlicher Belichtung kannst du einen erweiterten Dynamikumfang und mehr Details in Schatten und Lichtern erzielen.

Panorama-Stitching: Verschiedene Bilder können zu einem breiteren Panoramabild zusammengefügt werden.

Export und Dateiformate: Nach der Bearbeitung kannst du das Bild in verschiedenen Dateiformaten speichern, abhängig von Verwendungszweck und Qualität. Bildbearbeitung ist eine kreative Fähigkeit, die es Fotografen ermöglicht, ihre Aufnahmen zu verfeinern und ihre individuelle Ästhetik zu entwickeln. Es ist jedoch wichtig, ein Gleichgewicht zu finden und die Bearbeitung so durchzuführen, dass das Bild verbessert wird, ohne seine Natürlichkeit zu verlieren.

Fotografen und ihre Werke

Fotografen sind Künstler, die durch ihre Vision, Kreativität und technischen Fähigkeiten Bilder schaffen, die Emotionen auslösen, Geschichten erzählen und die Welt in einem neuen Licht zeigen. Viele Fotografen haben im Laufe der Geschichte wegweisende Werke geschaffen, die die Kunst der Fotografie geprägt haben. Hier sind einige berühmte Fotografen und ihre bemerkenswerten Werke:

Ansel Adams: Bekannt für seine atemberaubenden Schwarz-Weiß-Landschaftsaufnahmen des amerikanischen Westens, insbesondere des Yosemite-Nationalparks. Seine Werke sind für ihre sorgfältige Belichtung und Tonwertabstufungen berühmt.

Dorothea Lange: Ihre Fotografien während der Großen Depression in den USA, insbesondere das ikonische Bild "Migrant Mother", zeigen die harte Realität der damaligen Zeit und haben die dokumentarische Fotografie stark beeinflusst.

Henri Cartier-Bresson: Ein Mitbegründer der Fotoagentur Magnum Photos, Cartier-Bresson wird oft als Vater der Street-Fotografie angesehen. Seine Fähigkeit, den "entscheidenden Moment" einzufangen, prägte das Genre nachhaltig.

Cindy Sherman: Bekannt für ihre Selbstporträts, in denen sie in verschiedenen Rollen und Charakteren posiert, untersucht Sherman Themen wie Identität, Geschlecht und gesellschaftliche Erwartungen.

Steve McCurry: Berühmt für sein Bild "Afghanisches Mädchen" (auch bekannt als "Das grüne Auge"), das eines der bekanntesten Porträts der Welt ist. McCurrys Arbeiten betonen oft das menschliche Element und die Schönheit in unterschiedlichen Kulturen.

Annie Leibovitz: Eine renommierte Porträtfotografin, die für ihre ikonischen Porträts von Berühmtheiten, Politikern und Persönlichkeiten bekannt ist. Ihre Bilder erfassen oft die Persönlichkeit und Intimität ihrer Subjekte.

Sebastião Salgado: Ein brasilianischer Fotograf, der sich auf Dokumentarfotografie konzentriert und soziale

Themen wie Umwelt, Armut und Migration in kraftvollen Schwarz-Weiß-Bildern behandelt.

Yousuf Karsh: Berühmt für seine Porträts von prominenten Persönlichkeiten des 20. Jahrhunderts, darunter Winston Churchill, Albert Einstein und Audrey Hepburn. Seine präzise Beleuchtung und sein Gespür für Charaktereigenschaften zeichnen seine Werke aus.

Edward Weston: Ein Pionier der modernen Fotografie, der für seine beeindruckenden Stillleben, Akte und Landschaftsaufnahmen bekannt ist. Seine Arbeit betonte Form, Textur und Detailgenauigkeit.

Vivian Maier: Erst posthum entdeckt, war Maier eine Straßenfotografin, die Tausende von Bildern während ihres Lebens aufgenommen hat. Ihre Arbeiten dokumentieren das städtische Leben und die Menschen in Chicago. Diese Fotografen sind nur einige Beispiele für die Vielfalt der Fotografie und die Fähigkeit von Fotografen, durch ihre Bilder Geschichten zu erzählen, Emotionen hervorzurufen und die Welt auf neue Weise zu sehen. Ihre Werke haben die Fotografie als Kunstform geprägt und inspirieren weiterhin Generationen von Fotografen und Künstlern weltweit.

Ethik in der Fotografie

Ethik in der Fotografie ist von großer Bedeutung, da Fotografen eine Verantwortung tragen, die Realität auf ehrliche, respektvolle und verantwortungsbewusste Weise darzustellen. Fotografie kann mächtig sein und Emotionen hervorrufen, daher ist es wichtig, ethische Prinzipien zu beachten, um sicherzustellen, dass die Integrität der Fotografie bewahrt wird. Hier sind einige wichtige Aspekte der Ethik in der Fotografie:

Einwilligung: Fotografen sollten die Einwilligung der abgebildeten Personen einholen, bevor sie ihre Fotos veröffentlichen oder kommerziell nutzen. Dies gilt insbesondere für private Momente oder Aufnahmen von erkennbaren Personen.

Respekt vor Privatsphäre: Fotografen sollten die Privatsphäre der Menschen respektieren und keine Bilder von ihnen in intimen oder sensiblen Situationen ohne ihre Zustimmung aufnehmen oder veröffentlichen.

Manipulation und Bearbeitung: Die Grenze zwischen legitimer Bildbearbeitung und Manipulation ist wichtig. Fotografen sollten keine wesentlichen Veränderungen vornehmen, die die Realität verfälschen oder die Integrität des Bildes beeinträchtigen.

Dokumentation und Authentizität: In der Dokumentarfotografie ist die genaue und authentische Darstellung von Ereignissen und Menschen von entscheidender Bedeutung. Bilder sollten keine falschen Informationen oder falsche Eindrücke vermitteln.

Sensibilität gegenüber Kulturen: Fotografen sollten respektvoll mit den kulturellen Unterschieden umgehen, insbesondere wenn sie in fremden Ländern oder Gemeinschaften arbeiten. Ein tieferes Verständnis für die kulturellen Kontexte kann dazu beitragen, respektvollere Bilder zu erstellen.

Vermeidung von Sensationsjournalismus: Fotografen sollten keine Bilder erstellen oder veröffentlichen, die nur auf Sensation oder Schock abzielen. Die Würde der abgebildeten Personen sollte immer respektiert werden.

Fairness in der Darstellung: Fotografen sollten sicherstellen, dass die abgebildeten Personen und Szenen in einer fairen und ausgewogenen Weise dargestellt werden, ohne Vorurteile oder Stereotypen zu fördern.

Verwendung von Bildern: Fotografen sollten ihre Bilder nicht für illegale, beleidigende oder diffamierende Zwecke verwenden und sicherstellen, dass ihre Arbeit nicht gegen Gesetze, Rechte oder ethische Standards verstößt.

Anerkennung der Quellen: Wenn Fotografen das Werk anderer nutzen oder darauf aufbauen, sollten sie die Quellen angemessen anerkennen und respektieren.

Nachhaltigkeit und Umweltbewusstsein: Fotografen, die die Natur abbilden, sollten umweltbewusst handeln und keine schädlichen Auswirkungen auf die Umwelt haben.

Ethik in der Fotografie erfordert eine ständige Reflexion und bewusste Entscheidungen seitens der Fotografen. Es geht darum, Verantwortung und Rücksichtnahme in den kreativen Prozess einzubeziehen, um Bilder zu schaffen, die nicht nur visuell ansprechend sind, sondern auch ethische Standards respektieren.

Fotografie als Kunstform

Fotografie ist zweifellos eine Kunstform, die visuelle Geschichten erzählt, Emotionen einfängt und die Welt aus einem einzigartigen Blickwinkel präsentiert. In den letzten Jahrzehnten hat sich die Fotografie von einem bloßen Handwerk zu einer etablierten Kunstform entwickelt, die in Galerien, Museen und Sammlungen auf der ganzen Welt vertreten ist. Hier sind einige Gründe, warum Fotografie als Kunstform anerkannt wird:

Kreativer Ausdruck: Wie andere Kunstformen ermöglicht Fotografie individuellen kreativen Ausdruck. Fotografen können ihre persönliche Sichtweise, Emotionen und Gedanken durch ihre Bilder zum Ausdruck bringen.

Komposition und Gestaltung: Fotografie erfordert die bewusste Anwendung von Kompositionsprinzipien wie dem Goldenen Schnitt, der Drittelregel, Symmetrie und Asymmetrie. Die Fähigkeit, diese Elemente zu nutzen, um visuell ansprechende und ausdrucksstarke Bilder zu schaffen, ist ein wichtiger Aspekt der künstlerischen Fotografie.

Botschaft und Erzählung: Fotografie kann Geschichten erzählen, Emotionen vermitteln und soziale oder politische Botschaften übermitteln. Einzelne Bilder können ganze Narrationen enthalten und den Betrachter dazu anregen, über bestimmte Themen nachzudenken.

Künstlerische Entscheidungen: Fotografen treffen eine Vielzahl von Entscheidungen, von der Wahl des Motivs über die Belichtung bis hin zur Bildbearbeitung. Diese Entscheidungen beeinflussen das endgültige Ergebnis und tragen zur künstlerischen Integrität bei.

Technische Beherrschung: Ähnlich wie bei Malerei oder Skulptur erfordert Fotografie technische Fähigkeiten in Bezug auf Belichtung, Fokus, Perspektive, Licht und mehr. Die Beherrschung dieser Techniken ist entscheidend für die Schaffung qualitativ hochwertiger Kunstwerke.

Vielfalt der Stile und Genres: Fotografie umfasst eine breite Palette von Stilen und Genres, darunter Porträt, Landschaft, Street-Fotografie, abstrakte Fotografie, Dokumentarfotografie, inszenierte Fotografie und mehr. Diese Vielfalt trägt zur künstlerischen Vielfalt der Fotografie bei.

Einfluss auf die Kultur: Fotografie hat einen enormen Einfluss auf die Kultur, indem sie historische Momente dokumentiert, kulturelle Trends aufzeigt und soziale Veränderungen widerspiegelt.

Anerkennung und Ausstellungen: Fotografie wird in renommierten Galerien, Museen und Kunstausstellungen weltweit gezeigt. Viele Fotografen haben sich einen Platz in der Kunstgeschichte erobert und sind als bedeutende Künstler anerkannt. Die Debatte über die Anerkennung von Fotografie als Kunstform ist zwar nicht neu, aber die kreative Vielfalt und die technologischen Fortschritte haben die Fotografie zweifellos zu einer etablierten und respektierten Kunstform gemacht, die auf vielfältige Weise die kulturelle und künstlerische Landschaft beeinflusst.

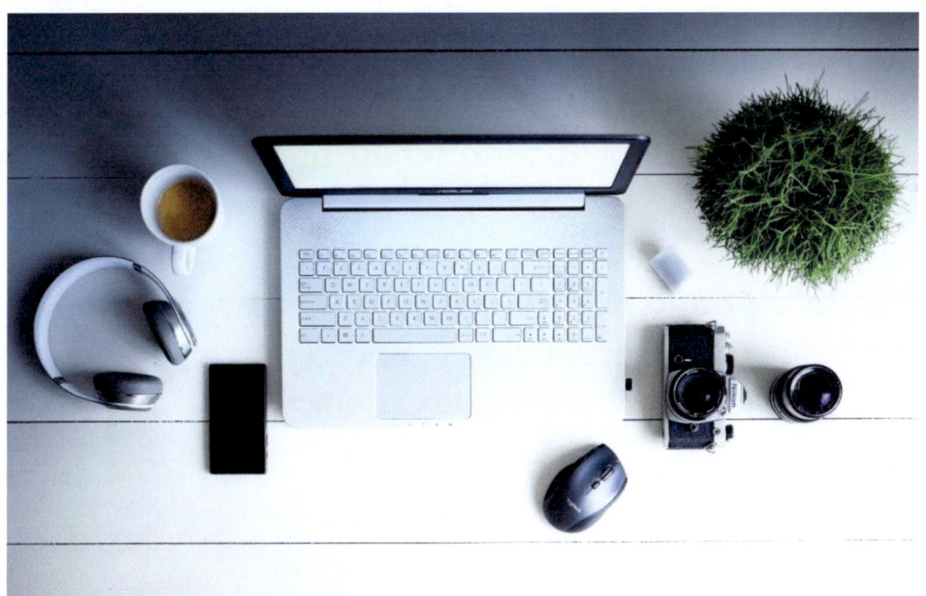

Digitale- und Analogfotografie

Die Debatte zwischen digitaler und Analogfotografie ist eine kontinuierliche Diskussion in der Fotografie-Welt. Beide Ansätze haben ihre eigenen Vor- und Nachteile, und die Wahl zwischen ihnen hängt oft von persönlichen Vorlieben, künstlerischen Zielen und technischen Anforderungen ab. Hier sind einige wichtige Unterschiede zwischen digitaler und Analogfotografie:

Digitale Fotografie:

Sofortige Ergebnisse: Eines der Hauptmerkmale der digitalen Fotografie ist die sofortige Verfügbarkeit der Bilder. Du kannst das Bild auf dem Kameradisplay oder einem Computerbildschirm sehen, unmittelbar nachdem es aufgenommen wurde.

Flexibilität und Kontrolle: Digitale Kameras bieten eine Vielzahl von Einstellungen und Funktionen, die es ermöglichen, die Belichtung, den Fokus und andere Aspekte des Bildes präzise anzupassen. Dies bietet mehr Kontrolle über das Endresultat.

Bildbearbeitung: Digitale Bilder können leicht in Bildbearbeitungssoftware bearbeitet werden, um Farbkorrekturen, Retuschen, Filter und mehr anzuwenden. Dies ermöglichten eine umfassende Nachbearbeitung und kreative Freiheit.

Speicherkapazität: Digitale Speicherkarten bieten viel Platz für eine große Anzahl von Fotos. Du kannst mehrere tausend Bilder auf einer einzigen Speicherkarte aufnehmen.

Kosten: Die Kosten pro Bild sind niedriger, da du keine Filme kaufen oder entwickeln musst. Du kannst Bilder sofort sehen und auswählen, welche du speichern möchtest.

Schnelle Weitergabe: Digitale Bilder können schnell über soziale Medien, E-Mails oder Cloud-Speicher geteilt werden.

Analogfotografie:

Charakter und Ästhetik: Die Analogfotografie hat einen einzigartigen Charme und eine ästhetische Qualität, die viele Fotografen schätzen. Filmkörnung und Farbcharakter können unverwechselbare visuelle Ergebnisse erzeugen.

Langsamer Prozess: Das Fotografieren auf Film erfordert eine bewusstere Herangehensweise und Planung. Der begrenzte Filmvorrat zwingt Fotografen, selektiver und überlegter vorzugehen.

Begrenzte Aufnahmen: Ein Film hat eine begrenzte Anzahl von Aufnahmen (normalerweise 24 oder 36), was dazu führt, dass Fotografen sorgfältiger wählen und den Moment bewusster einfangen.

Mechanische Kameras: Analoge Kameras erfordern manuelle Einstellungen und bieten eine andere taktile Erfahrung. Viele Fotografen genießen das manuelle Einstellen von Blende, Verschlusszeit und Fokus.

Entwicklung und Wartezeit: Nachdem der Film aufgenommen wurde, muss er entwickelt werden, was Zeit in

Anspruch nimmt. Dies kann eine gewisse Spannung und Vorfreude auf die Ergebnisse schaffen.

Archivierung: Negative und gedruckte Abzüge haben eine physische Form, die länger hält als digitale Dateien. Sie können in Archiven aufbewahrt und über Generationen hinweg geschätzt werden.

Insgesamt hängt die Wahl zwischen digitaler und Analogfotografie von individuellen Präferenzen, künstlerischen Zielen und praktischen Überlegungen ab. Einige Fotografen entscheiden sich dafür, beide Ansätze zu kombinieren, um von den Vorteilen beider Welten zu profitieren.

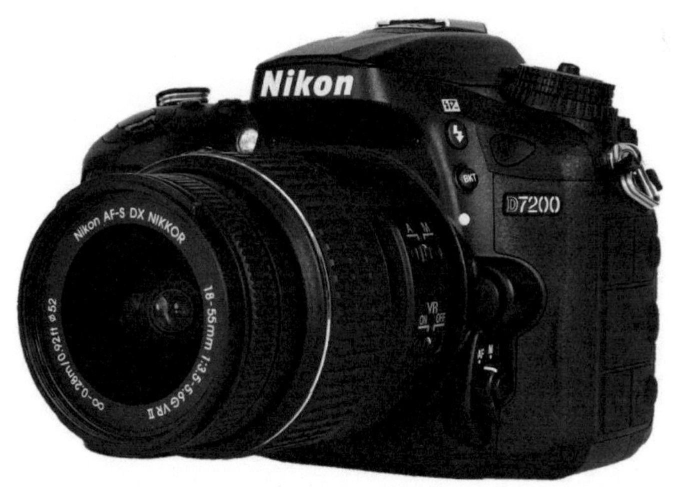

Fotografie und soziale Medien

Die Beziehung zwischen Fotografie und sozialen Medien hat die Art und Weise, wie Bilder erstellt, geteilt und konsumiert werden, grundlegend verändert. Soziale Medien haben Fotografen die Möglichkeit gegeben, ihre Werke einem breiten Publikum zu präsentieren, neue Möglichkeiten der Interaktion zu schaffen und die globale Fotografie-Community zu vernetzen. Hier sind einige Aspekte der Verbindung zwischen Fotografie und sozialen Medien:

Plattform für Kreative: Soziale Medienplattformen wie Instagram, Facebook, Twitter, Pinterest und TikTok haben Fotografen eine Bühne geboten, um ihre Arbeit direkt der Öffentlichkeit zu präsentieren, ohne auf traditionelle Ausstellungsräume oder Galerien angewiesen zu sein.

Sichtbarkeit und Reichweite: Fotografen können ihre Werke einer globalen Zielgruppe zeigen, was zu größerer Sichtbarkeit, Anerkennung und Möglichkeiten führen kann. Bilder können viral gehen und aufgrund ihrer Qualität oder Emotionalität weite Verbreitung finden.

Interaktion und Feedback: Soziale Medien ermöglichen Fotografen den direkten Kontakt mit ihrem Publikum. Kommentare, Likes und Shares bieten Feedback und die Möglichkeit, mit Betrachtern in Kontakt zu treten.

Fotografische Communities: Plattformen wie Flickr, 500px und Fotografie-Gruppen auf Facebook bieten spezielle Räume für Fotografen, um ihre Werke zu teilen, sich auszutauschen, voneinander zu lernen und Inspiration zu finden.

Trends und Inspiration: Soziale Medien sind eine Quelle der Inspiration für Fotografen, die neue Techniken, Stile und kreative Ideen entdecken möchten.

Selbstvermarktung: Fotografen können ihre Dienste oder Produkte über soziale Medien bewerben und potenzielle Kunden direkt ansprechen.

Bildbearbeitungstrends: Soziale Medien haben auch zur Verbreitung bestimmter Bildbearbeitungstrends geführt, die in den Plattformen populär wurden und die Ästhetik vieler Fotografen beeinflusst haben.

Herausforderungen der Authentizität: In sozialen Medien kann es eine Versuchung geben, Bilder zu optimieren oder zu bearbeiten, um mehr Likes zu erhalten. Dies kann zu Fragen der Authentizität und der Verzerrung der Realität führen.

Urheberrechtsfragen: Das Teilen von Bildern in sozialen Medien kann Urheberrechtsfragen aufwerfen, wenn Bilder ohne Zustimmung des Fotografen verwendet oder geteilt werden.

Veränderung des Konsumverhaltens: Soziale Medien haben das Konsumverhalten von Bildern verändert. Betrachter scrollen oft schnell durch Feeds, was Fotografen dazu ermutigt, Bilder zu erstellen, die sofort ansprechend sind.

Die Integration von Fotografie in soziale Medien hat die Kunstform in vielerlei Hinsicht demokratisiert und zugänglicher gemacht. Gleichzeitig bringt sie jedoch auch Herausforderungen mit sich, die von der Authentizität der Bilder bis hin zum Umgang mit Urheberrechten reichen. Fotografen müssen ihre Arbeit bewusst auf sozialen Medien präsentieren, um die Vorteile zu nutzen und gleichzeitig die künstlerische Integrität zu wahren.

Fotografie-Projekte

Fotografie-Projekte sind gezielte Bemühungen von Fotografen, eine Serie von Bildern zu einem bestimmten Thema, einer Idee oder einer Erzählung zu erstellen. Solche Projekte ermöglichen es Fotografen, ihre kreativen Fähigkeiten zu erweitern, eine tiefere Verbindung zu einem Thema herzustellen und eine zusammenhängende visuelle Geschichte zu erzählen. Hier sind einige Aspekte von Fotografie-Projekte:

Themenwahl: Die Auswahl eines geeigneten Themas ist der Ausgangspunkt für ein Fotografie-Projekt. Das Thema kann vielfältig sein, von sozialen Fragen über Natur und Umwelt bis hin zu persönlichen Geschichten.

Konzeptentwicklung: Fotografen entwickeln ein Konzept oder eine Idee, wie sie das gewählte Thema visuell umsetzen möchten. Dies kann die Art der Aufnahmen, die Stimmung, den Stil und die gewünschten Botschaften umfassen.

Planung: Ein Fotografie-Projekt erfordert oft sorgfältige Planung, um sicherzustellen, dass alle Aspekte des Projekts abgedeckt werden. Dies umfasst Recherche,

Standortauswahl, Modell- oder Subjektsuche und Zeit-
planung.

Serie von Bildern: Im Gegensatz zu Einzelaufnahmen
konzentrieren sich Fotografie-Projekte auf die Erstellung
einer zusammenhängenden Serie von Bildern, die in ihrer
Gesamtheit eine Geschichte erzählen.

Konsistenz und Einheitlichkeit: Die Bilder in einem
Projekt sollten eine gewisse visuelle Einheitlichkeit
aufweisen, sei es durch Farbpalette, Stil, Komposition
oder Bearbeitung. Dies trägt zur Kohärenz des Projekts
bei.

Erzählung: Fotografie-Projekte können Geschichten
erzählen, sei es durch eine klare narrative Struktur oder
durch das Einfangen von Stimmungen und Emotionen,
die ein Thema umgeben.

Fortlaufende Entwicklung: Projekte können im Laufe
der Zeit wachsen und sich verändern, wenn der Fotograf
mehr über das Thema lernt oder neue Ideen entwickelt.

Herausforderung und Wachstum: Fotografie-Projekte
erfordern oft kreatives Denken und die Fähigkeit, sich
neuen Herausforderungen zu stellen. Durch die Arbeit an

Projekten können Fotografen ihre Fähigkeiten erweitern und neue Ansätze erkunden.

Präsentation: Fotografen können die fertige Serie in verschiedenen Formaten präsentieren, sei es in Ausstellungen, auf Websites, in Fotobüchern oder auf sozialen Medien.

Persönliche Erfüllung: Fotografie-Projekte ermöglichen Fotografen, ihre Leidenschaft zu verfolgen, persönliche Interessen zu erkunden und tief in ein Thema einzutauchen, das ihnen am Herzen liegt.

Fotografie-Projekte bieten Fotografen die Möglichkeit, ihre kreative Vision zu verwirklichen, ihre technischen Fähigkeiten zu verbessern und eine tiefe Verbindung zu den von ihnen gewählten Themen herzustellen. Sie können eine äußerst erfüllende Möglichkeit sein, sich künstlerisch auszudrücken und Geschichten zu erzählen.

Fotografie und Wissenschaft

Die Verbindung zwischen Fotografie und Wissenschaft ist eng und vielfältig. Fotografie hat in vielen wissenschaftlichen Bereichen einen bedeutenden Einfluss, sei es bei der Dokumentation von Entdeckungen, der Visualisierung von Phänomenen oder der Unterstützung von Forschung und Bildung. Hier sind einige Wege, wie Fotografie in der Wissenschaft eingesetzt wird:

Dokumentation: Fotografie dient oft als Mittel zur Dokumentation von Entdeckungen, Experimenten und Beobachtungen in verschiedenen wissenschaftlichen Disziplinen. Von der Astronomie bis zur Biologie ermöglichen Bilder den Forschern, ihre Ergebnisse visuell zu erfassen und zu kommunizieren.

Mikroskopie: In der Biologie, Materialwissenschaft und anderen Bereichen ermöglicht die Mikroskopie-Fotografie die Untersuchung von winzigen Details, die mit bloßem Auge nicht sichtbar sind. Hochauflösende Mikroskop-Bilder liefern Einblicke in die Welt der Zellen und Mikroorganismen.

Astronomie: Fotografie spielt eine entscheidende Rolle in der Astronomie, indem sie es ermöglicht, ferne

Himmelsobjekte einzufangen und zu analysieren. Teleskope erfassen Bilder von Sternen, Planeten, Galaxien und anderen astronomischen Phänomenen.

Geologie: Fotografie wird in der Geologie verwendet, um geologische Formationen, Gesteine, Sedimente und tektonische Bewegungen zu dokumentieren. Dies kann bei der Erforschung der Erdgeschichte und der Analyse von Umweltauswirkungen hilfreich sein.

Archäologie: Fotografie wird in der Archäologie eingesetzt, um Ausgrabungen zu dokumentieren, Artefakte zu katalogisieren und historische Stätten zu erfassen, bevor sie möglicherweise verloren gehen.

Medizin: Medizinische Fotografie ermöglicht es Ärzten und Forschern, medizinische Zustände, Krankheiten, Verletzungen und chirurgische Eingriffe zu dokumentieren und zu analysieren.

Wissenschaftliche Bildung: Fotografie wird oft verwendet, um komplexe wissenschaftliche Konzepte und Phänomene zu visualisieren und sie für Bildungszwecke zugänglicher zu machen.

Klimaforschung: Fotografie kann verwendet werden, um Umweltauswirkungen, Klimaveränderungen und Wetterereignisse zu dokumentieren und zu analysieren.

Feldforschung: Forscher verwenden Fotografie, um natürliche Lebensräume, Verhaltensweisen von Tieren und andere Aspekte der Feldforschung festzuhalten.

Forschungsdokumentation: In wissenschaftlichen Publikationen sind Fotografien oft integraler Bestandteil, um die Ergebnisse und Methoden der Forschung zu illustrieren.

Fotografie spielt eine unverzichtbare Rolle in der Wissenschaft, da sie dazu beiträgt, Erkenntnisse zu visualisieren, Daten zu dokumentieren und Forschungsergebnisse zu veranschaulichen. Sie erweitert das Verständnis für komplexe Themen, erleichtert die Kommunikation von Forschungsergebnissen und fördert den Dialog zwischen Wissenschaftlern und der breiteren Öffentlichkeit.

Fotografie- Ausstellungen und Galerien

Fotografie-Ausstellungen und Galerien sind wichtige Plattformen für Fotografen, um ihre Werke einem breiten Publikum zu präsentieren, künstlerische Dialoge zu fördern und die Wertschätzung für die Kunst der Fotografie zu steigern. Diese Ausstellungen bieten nicht nur Fotografen die Möglichkeit, ihre Werke zu zeigen, sondern auch den Besuchern eine Gelegenheit, sich mit verschiedenen fotografischen Stilen, Themen und Techniken auseinanderzusetzen. Hier sind einige Aspekte von Fotografie-Ausstellungen und Galerien:

Präsentation von Werken: Fotografie-Ausstellungen bieten Fotografen die Möglichkeit, ihre Werke in einer physischen Umgebung zu präsentieren, sei es in Form von Abzügen, Leinwänden oder digitalen Projektionen.

Künstlerische Vielfalt: Galerien zeigen oft eine Vielzahl von fotografischen Stilen, Genres und künstlerischen Ansätzen. Dies ermöglicht den Besuchern, verschiedene Perspektiven und Ausdrucksformen der Fotografie kennenzulernen.

Kuratorische Vision: Galeristen und Kuratoren wählen oft Werke aus, die eine bestimmte Vision, ein Thema oder eine Botschaft repräsentieren. Dies verleiht der Ausstellung eine kohärente Struktur und eröffnet Möglichkeiten für Interpretation und Diskussion.

Kulturelle und soziale Bedeutung: Fotografie-Ausstellungen können dazu beitragen, kulturelle und soziale Themen zu beleuchten, die in den Werken behandelt werden. Sie können ein Bewusstsein für soziale Fragestellungen schaffen und den Dialog über wichtige Themen fördern.

Künstlerische Interaktion: Galerien bieten oft die Möglichkeit für Künstler, mit Besuchern in Kontakt zu treten, ihre Werke zu erläutern und den kreativen Prozess zu diskutieren.

Inspiration und Bildung: Ausstellungen können Fotografen und Fotografie-Enthusiasten inspirieren und neue Perspektiven auf die Kunstform bieten. Sie dienen auch als Bildungsressource, um mehr über Fotografie-Geschichte, Stile und Techniken zu lernen.

Verkauf und Sammlung: Ausstellungen sind oft Orte, an denen Kunstwerke zum Verkauf angeboten werden.

Sammler können Fotografien erwerben und so zur Unterstützung der Fotografen beitragen.

Kulturveranstaltungen: Fotografie-Ausstellungen sind oft Teil von Kulturveranstaltungen, Festivals und Messen, die die kreative Vielfalt in der Fotografie-Branche hervorheben.

Online-Präsenz: In der digitalen Ära haben Online Fotografie-Ausstellungen und Galerien an Bedeutung gewonnen. Diese ermöglichen es einem weltweiten Publikum, Werke von Fotografen aus der ganzen Welt zu sehen und zu genießen.

Fotografie-Ausstellungen und Galerien sind wichtige Schritte für Fotografen, um ihre Arbeit zu teilen und ihre künstlerische Präsenz zu etablieren. Sie schaffen Räume für den Austausch von Ideen, die Förderung der Fotografie-Kultur und die Anerkennung der Fotografie als Kunstform.

Zukunft der Fotografie

Die Zukunft der Fotografie verspricht eine aufregende Entwicklung, da technologische Fortschritte, soziale Veränderungen und kreative Innovationen die Art und Weise beeinflussen werden, wie wir fotografieren, Bilder teilen und die Welt durch die Linse betrachten. Hier sind einige Trends und Aspekte, die die Zukunft der Fotografie prägen könnten:

Künstliche Intelligenz (KI): KI wird in der Fotografie immer wichtiger. Automatische Bilderkennung, intelligente Bearbeitungstools und sogar KI-unterstützte Kompositions- und Stilberatung könnten die Fotografie erleichtern und verbessern.

Virtual Reality (VR) und Augmented Reality (AR): VR und AR könnten die Art und Weise verändern, wie wir Bilder erleben. Interaktive VR-Fotografie oder AR-gestützte informative Bilder könnten die Fotografie zu einem immersiven Erlebnis machen.

360-Grad- und Panoramafotografie: Fortschritte in der Panorama- und 360-Grad-Technologie könnten es Fotografen ermöglichen, noch immersivere Bilder zu erstellen, die den Betrachter buchstäblich in die Szene eintauchen lassen.

Mobile Fotografie: Mit ständigen Verbesserungen der Smartphone-Kameras könnten mobile Fotografen in der Lage sein, hochwertige Bilder ohne zusätzliche Ausrüstung zu erstellen.

Bildanalyse und Big Data: Die Analyse von Bildern könnte in Zukunft dazu verwendet werden, Trends und Muster in der Fotografie zu identifizieren, was Auswirkungen auf die Kreativität, Vermarktung und Forschung haben könnte.

Ethik und Datenschutz: Da Bilder leicht geteilt und manipuliert werden können, wird die Debatte über Datenschutz, Urheberrechte und die Authentizität von Bildern in der Zukunft weitergehen.

Nachhaltigkeit: Fotografen könnten sich zunehmend auf nachhaltige Praktiken und Umweltverträglichkeit in Bezug auf Ausrüstung, Druck und Bildverarbeitung konzentrieren.

Drohnenfotografie: Drohnenfotografie eröffnet völlig neue Perspektiven und Möglichkeiten, um Bilder aus ungewöhnlichen Blickwinkeln und Höhen zu erstellen.

Instantane Fotografie: Obwohl die digitale Fotografie weit verbreitet ist, könnte es einen Rückgang zur analogen Fotografie und instantanen Druckverfahren wie Sofortbildkameras geben.

Fotografie als soziales Medium: Soziale Medien könnten weiterhin einen großen Einfluss auf die Fotografie haben, indem sie neue Plattformen für Fotografen schaffen, um ihre Werke zu teilen und eine Community aufzubauen.

Die Zukunft der Fotografie wird zweifellos von einer Mischung aus technologischen Innovationen, kreativen Ansätzen und gesellschaftlichen Veränderungen geprägt sein. Fotografen werden sich anpassen und neue Möglichkeiten erkunden müssen, um ihre künstlerische Vision auszudrücken und mit einer sich ständig verändernden Welt Schritt zu halten.

Fotografie mit Drohnen

Bei der Drohnenfotografie gibt es einige wichtige Aspekte zu beachten, um beeindruckende Bilder zu erstellen und sicher zu fliegen. Drohnen bieten einzigartige Perspektiven und Möglichkeiten, erfordern jedoch auch Verantwortung und Kenntnisse. Hier sind einige wichtige Tipps:

Kenntnis der Gesetze und Vorschriften: Informiere dich über die Drohnenregulierungen und Gesetze in deinem Land oder deiner Region. Je nach Standort können verschiedene Einschränkungen für den Flug von Drohnen gelten, z. B. in Bezug auf Flughäfen, Menschenmengen, Höhenbeschränkungen und mehr.

Sicherheit an erster Stelle: Die Sicherheit von Menschen, Eigentum und der Drohne selbst steht an erster Stelle. Fliege nie in der Nähe von Menschen, Tieren oder Gebäuden, und vermeide gefährliche Wetterbedingungen.

Flugtraining: Wenn du noch nie eine Drohne geflogen hast, nimm dir Zeit, um dich mit den Steuerelementen vertraut zu machen. Fliege anfangs an einem offenen, sicheren Ort, um das Handling zu üben.

Flugumgebung: Wähle deine Flugumgebung sorgfältig aus. Vermeide überfüllte Orte, Lufträume in der Nähe von Flughäfen und Bereiche mit begrenzter Sicht.

Akku und Flugzeit: Achte auf die Akkulaufzeit deiner Drohne. Plane deine Flüge so, dass du genügend Zeit hast, die Drohne sicher zurückzubringen, bevor der Akku leer ist.

Kameraeinstellungen: Nutze die Kameraeinstellungen deiner Drohne, um Belichtung, Weißabgleich, Bildformat und Auflösung anzupassen. Dies ermöglicht dir, die besten Bildergebnisse zu erzielen.

Stabilisierung: Verwende bei Bedarf Stabilisierungstechniken oder Gimbal-Systeme, um verwackelte Bilder zu minimieren und flüssige Aufnahmen zu gewährleisten.

Bildkomposition: Nutze die einzigartige Perspektive der Drohne, um faszinierende Kompositionen zu erstellen. Achte auf Linien, Muster, Symmetrie und interessante Blickwinkel.

Lichtverhältnisse: Wie bei herkömmlicher Fotografie ist das Licht ein entscheidender Faktor. Nutze die besten Lichtverhältnisse, um deine Bilder aufzuwerten.

Postproduktion: Nach der Aufnahme kannst du Bilder leicht bearbeiten, um Kontraste, Farben und Details zu optimieren. Stelle sicher, dass die Bearbeitung subtil bleibt und die Authentizität des Bildes bewahrt wird.

Respektiere die Privatsphäre: Fotografiere niemals Menschen oder private Eigenschaften ohne ihre Zustimmung. Achte darauf, keine Bilder zu erstellen, die die Privatsphäre anderer verletzen könnten.

Versicherung: In einigen Fällen kann es ratsam sein, eine Drohnenversicherung abzuschließen, um mögliche Schäden oder Unfälle abzudecken.

Drohnenfotografie bietet spannende Möglichkeiten, aber es ist wichtig, verantwortungsbewusst und ethisch zu handeln. Mit dem richtigen Wissen und der richtigen Vorbereitung kannst du atemberaubende Luftaufnahmen erstellen und gleichzeitig die Sicherheit von Menschen, Tieren und Eigentum gewährleisten.

Weitere Informationen zur **Drohnenverordnung** finden Sie auch unter „Videoaufnahmen mit Drohnen" am Ende des Buches.

Videobearbeitung

Grundlagen der Videobearbeitung

Die Videobearbeitung ist der Prozess, bei dem Rohmaterial, das während der Aufnahme aufgezeichnet wurde, in eine fertige, zusammenhängende und oft kreative visuelle Erzählung verwandelt wird. Hier sind einige grundlegende Schritte und Konzepte der Videobearbeitung:

Material sichten: Schau dir zunächst das aufgenommene Videomaterial an, um einen Überblick über die verfügbaren Aufnahmen zu erhalten. Markiere die besten Aufnahmen und plane, wie du sie in deinem Video verwenden möchtest.

Projektsetup: Erstelle ein neues Projekt in deiner Videobearbeitungssoftware. Wähle die gewünschte Auflösung, Framerate und andere Einstellungen, die zu deinem Videomaterial passen.

Timeline verwenden: Die Timeline ist der Bereich, in dem du dein Videomaterial anordnest und bearbeitest.

Ziehe Clips aus deinem Medienpool in die Timeline, um die Reihenfolge festzulegen.

Trimmen und Schneiden: Schneide unnötige Teile aus den Clips heraus, um nur das Material zu behalten, dass du verwenden möchtest. Dies kann das Entfernen von Pausen, Fehlern oder nicht relevantem Material umfassen.

Übergänge hinzufügen: Füge Übergänge wie Überblendungen oder Schnitte hinzu, um den Wechsel zwischen Clips zu glätten. Verwende sie sparsam, um eine natürliche Erzählung beizubehalten.

Musik und Ton: Füge Musik, Soundeffekte oder Voice-Over-Aufnahmen hinzu, um die Stimmung und den Kontext deines Videos zu verstärken. Achte darauf, dass die Audioqualität hoch ist.

Farbkorrektur und Grading: Passe die Farben und den Kontrast der Clips an, um eine konsistente visuelle Ästhetik zu erreichen. Farbkorrektur kann die Stimmung und den Ton des Videos beeinflussen.

Text und Grafiken: Füge Titel, Untertitel oder Grafikelemente hinzu, um Informationen zu präsentieren, Namen anzuzeigen oder Kontext zu bieten.

Effekte und Filter: Nutze Videoeffekte und Filter, um visuelle Stileffekte hinzuzufügen oder bestimmte Szenen hervorzuheben.

Vorschau und Feinabstimmung: Schaue dir das gesamte Video an, um sicherzustellen, dass die Bearbeitung flüssig ist und alles gut zusammenpasst. Mache notwendige Anpassungen in der Timeline.

Exportieren: Wähle das gewünschte Videoformat, die Auflösung und andere Exporteinstellungen aus. Exportiere das Video, um es für das Teilen oder die Verwendung auf verschiedenen Plattformen vorzubereiten.

Backup des Projekts: Sichere deine Videoprojektdateien, um sicherzustellen, dass du im Falle von Problemen oder zukünftigen Änderungen auf die Originaldateien zugreifen kannst.

Die Grundlagen der Videobearbeitung umfassen das Schneiden von Clips, Hinzufügen von Ton, Anpassen von Farben und Effekten sowie das Erstellen einer fließenden und ansprechenden visuellen Erzählung. Je mehr du mit deiner Videobearbeitungssoftware vertraut wirst, desto mehr kannst du deine Fähigkeiten entwickeln und anspruchsvollere Projekte umsetzen.

Free-Foto Pixabay

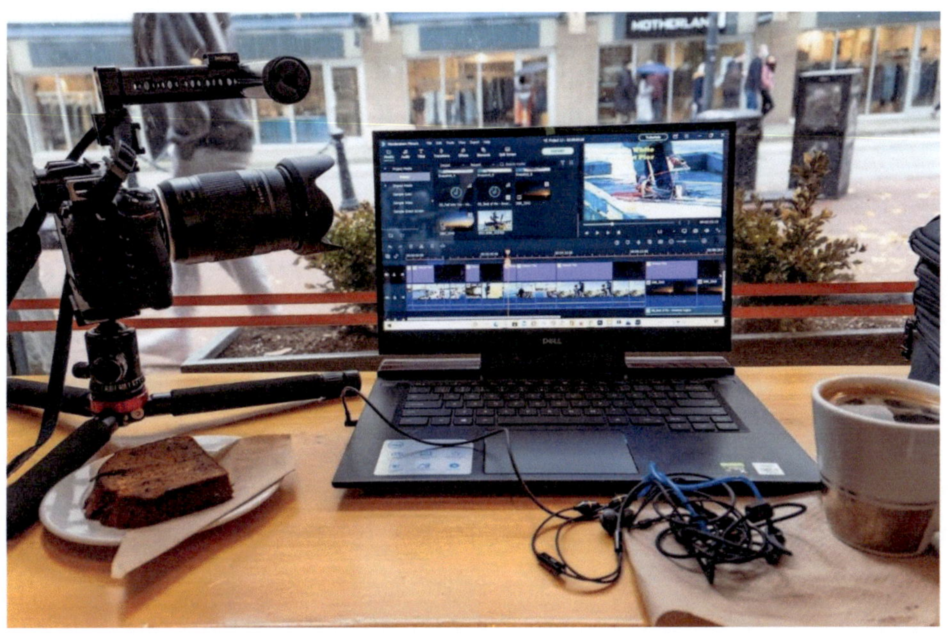

Videobearbeitungssoftware

Videobearbeitungssoftware ermöglicht es dir, Rohmaterial in professionelle Videos umzuwandeln, die visuell ansprechend sind und eine kohärente Erzählung haben. Es gibt eine Vielzahl von Videobearbeitungsprogrammen auf dem Markt, von einfachen Einsteiger-Tools bis hin zu fortgeschrittenen Profi-Softwarelösungen. Hier sind einige der beliebtesten Videobearbeitungsprogramme:

Adobe Premiere Pro: Premiere Pro ist eine leistungsstarke professionelle Videobearbeitungssoftware von Adobe. Sie bietet eine breite Palette von Funktionen, darunter fortgeschrittene Farbkorrektur, Effekte, Übergänge und die nahtlose Integration mit anderen Adobe-Produkten wie After Effects und Photoshop.

Final Cut Pro X: Final Cut Pro X ist eine beliebte Videobearbeitungssoftware für Mac-Benutzer. Sie bietet fortschrittliche Funktionen wie Multicam-Editing, 360-Grad-Videobearbeitung und leistungsstarke Farbkorrekturwerkzeuge.

DaVinci Resolve: Ursprünglich für die Farbkorrektur entwickelt, hat sich DaVinci Resolve zu einer umfassenden Videobearbeitungssoftware entwickelt. Sie bietet professionelle Farbkorrektur, visuelle Effekte, Audio-Postproduktion und Schnittfunktionen.

iMovie: iMovie ist eine benutzerfreundliche Videobearbeitungssoftware von Apple für Mac- und iOS-Geräte. Sie eignet sich gut für Einsteiger und bietet dennoch einige fortschrittliche Funktionen wie Bild-in-Bild-Effekte und Green-Screen-Techniken.

Adobe Premiere Elements: Dies ist eine abgespeckte Version von Adobe Premiere Pro und richtet sich an Hobby-Videobearbeiter. Es bietet grundlegende Bearbeitungsfunktionen sowie einfache Anpassungsoptionen.

HitFilm Express: HitFilm Express kombiniert Videobearbeitung und visuelle Effekte in einer Software. Es bietet sowohl grundlegende Bearbeitungsfunktionen als auch leistungsstarke VFX-Tools.

Sony Vegas Pro: Vegas Pro ist eine umfassende Videobearbeitungssoftware mit Funktionen wie Multicam-Bearbeitung, Bildstabilisierung und Effekten.

Lightworks: Lightworks ist eine professionelle Videobearbeitungssoftware, die sowohl für Windows als auch für

Mac verfügbar ist. Es bietet erweiterte Schnittfunktionen und professionelle Bearbeitungswerkzeuge.

Shotcut: Shotcut ist eine kostenlose, Open-Source-Videobearbeitungssoftware mit einer Vielzahl von Funktionen und Unterstützung für verschiedene Formate.

Kinemaster: Kinemaster ist eine mobile Videobearbeitungs-App für Android und iOS. Sie bietet grundlegende Bearbeitungsfunktionen, Text- und Audiomöglichkeiten direkt auf deinem Smartphone.

Die Wahl der Videobearbeitungssoftware hängt von deinen Bedürfnissen, deinem Kenntnisstand und deinem Budget ab. Einige Programme bieten eine Vielzahl von Funktionen für professionelle Bearbeiter, während andere benutzerfreundlicher sind und sich gut für Einsteiger eignen. Es ist wichtig, die Funktionen, Benutzeroberfläche und Unterstützung der Software zu berücksichtigen, um diejenige zu finden, die am besten zu deinen Anforderungen passt.

Untertitel "Speech-to-Text" einfügen

Das Einfügen von Untertiteln in Videos mithilfe von "Speech-to-Text" (also automatischer Spracherkennung) ist heutzutage möglich, aber es erfordert oft eine Kombination aus Softwaretools und Bearbeitungsschritten. Hier ist eine allgemeine Anleitung, wie du Untertitel mithilfe von automatischer Spracherkennung in Videos einfügen kannst:

Spracherkennungssoftware nutzen: Verwende eine Spracherkennungssoftware oder einen Dienst, der Audiodateien in Text transkribiert. Es gibt zahlreiche Online-Plattformen und Tools, die diese Funktion anbieten. Einige populäre Optionen sind Google Sprache zu Text, Microsoft Azure Spracherkennung und Otter.ai.

Audio transkribieren: Lade deine Video-Audio-Datei in die ausgewählte Spracherkennungssoftware hoch und lasse sie transkribieren. Beachte, dass die Genauigkeit der automatischen Transkription je nach Qualität der Aufnahme und Klarheit der Sprache variieren kann.

Text überprüfen und bearbeiten: Nachdem die Transkription abgeschlossen ist, überprüfe den generierten

Text auf Fehler oder Ungenauigkeiten. Die automatische Spracherkennung kann Wörter oder Phrasen falsch verstehen, insbesondere bei Hintergrundgeräuschen oder starken Akzenten.

Untertitel erstellen: Erstelle auf Grundlage des transkribierten Textes die Untertitel für dein Video. Achte darauf, dass die Texte gut lesbar und in angemessener Länge sind, um dem Zuschauer ausreichend Zeit zum Lesen zu geben.

Video-Bearbeitungssoftware verwenden: Importiere dein Video in eine Videobearbeitungssoftware wie Adobe Premiere Pro, Final Cut Pro, DaVinci Resolve oder andere Tools, die du verwendest.

Untertitel einfügen: In den meisten Videobearbeitungssoftware-Programmen gibt es eine Funktion zum Hinzufügen von Untertiteln. Lade die erstellten Untertitel in das Bearbeitungsprogramm hoch und füge sie der Zeitleiste hinzu, indem du sie mit den entsprechenden Zeitstempeln synchronisierst.

Synchronisation überprüfen: Stelle sicher, dass die Untertitel gut mit dem gesprochenen Text im Video synchronisiert sind. Bearbeite bei Bedarf die Zeitstempel, um eine korrekte Anzeige sicherzustellen.

Stil anpassen: In den meisten Bearbeitungsprogrammen kannst du den Stil und die Position der Untertitel anpassen. Wähle eine gut lesbare Schriftart, passende Farben und Positionierung, um sicherzustellen, dass die Untertitel leicht lesbar sind.

Vorschau und Anpassung: Schaue dir das Video mit den Untertiteln an, um sicherzustellen, dass sie richtig angezeigt werden und sich gut in das Gesamtbild einfügen. Mache notwendige Anpassungen, wenn etwas nicht richtig funktioniert.

Exportieren: Wenn du zufrieden mit den Untertiteln bist, exportiere das Video mit den eingebetteten Untertiteln. Wähle das gewünschte Videoformat und die Qualitätseinstellungen aus.

Bitte beachte, dass die Genauigkeit der automatischen Spracherkennung je nach Aufnahmequalität und Art der Sprache variieren kann. Das manuelle Überprüfen und Bearbeiten des generierten Textes sind oft notwendig, um genaue Untertitel zu erstellen.

Spracheingabe "Text-to-Speech" erzeugen

"Text-to-Speech" (TTS) ist eine Technologie, die geschriebenen Text automatisch in gesprochene Sprache umwandelt. Dabei handelt es sich um das genaue Gegenteil von "Speech-to-Text", das auf automatischer Spracherkennung basiert. TTS-Systeme werden in verschiedenen Anwendungen eingesetzt, darunter Sprachassistenz, barrierefreie Kommunikation, Unterhaltungsindustrie und Bildung. Hier sind einige wichtige Punkte zum Verständnis von Text-to-Speech-Technologie:

Funktionsweise: TTS-Technologie verwendet linguistische und technologische Algorithmen, um geschriebenen Text in gesprochene Worte umzuwandeln. Diese Algorithmen analysieren den Text, bestimmen die Betonung, Intonation und andere sprachliche Eigenschaften und erzeugen dann synthetisierte menschenähnliche Sprache.

Anwendungen: TTS wird in vielen Anwendungen eingesetzt, darunter Sprachassistenten wie Siri, Google Assistant und Alexa, barrierefreie Kommunikation für

Menschen mit Sehbehinderungen, Hörbücher, Podcasts, Navigationssysteme, Sprachanzeigen und vieles mehr.

Stimmenauswahl: TTS-Systeme bieten oft eine Auswahl verschiedener Stimmen, die unterschiedliche Geschlechter, Altersgruppen und Akzente repräsentieren können. Einige Systeme ermöglichen sogar die Anpassung der Stimme, um eine einzigartige Klangqualität zu erzielen.

Sprachqualität: Die Qualität der synthetisierten Sprache variiert je nach System. Fortgeschrittene TTS-Technologien können eine erstaunlich natürliche und menschenähnliche Stimme erzeugen, während ältere Systeme eher robotisch klingen können.

Sprachen: Moderne TTS-Systeme unterstützen eine breite Palette von Sprachen und Dialekten. Einige Systeme sind besser darin, bestimmte Sprachen akkurat zu synthetisieren, abhängig von den verfügbaren Trainingsdaten.

Verwendung in der Bildung: TTS wird auch in der Bildung eingesetzt, um Texte für Lernende vorzulesen, wodurch das Verständnis von Inhalten für verschiedene Lernstile verbessert wird.

Entwicklung und Fortschritt: Mit Fortschritten in der künstlichen Intelligenz, maschinellem Lernen und neuronalen Netzwerken werden TTS-Systeme zunehmend realistischer und flexibler, was zu einer natürlicheren Sprechweise führt.

Herausforderungen: Obwohl moderne TTS-Technologien beeindruckend sind, gibt es immer noch Herausforderungen, um eine vollständig natürliche und menschenähnliche Sprechweise zu erreichen, insbesondere in Bezug auf intime kulturelle Nuancen und emotionale Ausdrücke.

Text-to-Speech-Technologie hat die Art und Weise verändert, wie Menschen auf Informationen zugreifen, kommunizieren und lernen. Von Assistenz-Apps bis hin zu Unterhaltungsanwendungen bietet TTS eine vielseitige und praktische Möglichkeit, geschriebenen Text in gesprochene Sprache umzuwandeln.

Bild- und Tonbearbeitung

Bild- und Tonbearbeitung sind entscheidende Schritte in der Produktion von Videos, Filmen, Multimedia-Projekten und anderen visuellen Medien. Diese Bearbeitungsschritte ermöglichen es, visuelle und auditive Elemente zu verfeinern, zu verbessern und miteinander zu synchronisieren, um ein qualitativ hochwertiges Endprodukt zu erstellen. Hier sind einige grundlegende Informationen zur Bild- und Tonbearbeitung:

Bildbearbeitung:

Farbkorrektur und Farbgrading: Dieser Prozess beinhaltet die Anpassung von Farben, Kontrast und Helligkeit eines Bildes, um eine bestimmte Stimmung oder Ästhetik zu erzeugen. Farbkorrektur kann auch dazu verwendet werden, um verschiedene Szenen im Film visuell miteinander abzustimmen.

Bildzuschnitt und Größenanpassung: Das Zuschneiden von Bildern kann dazu verwendet werden, unerwünschte Bereiche zu entfernen oder den Bildausschnitt zu ändern. Die Größenanpassung kann erforderlich sein, um Bilder an verschiedene Ausgabeformate anzupassen.

Retusche und Bildverbesserung: Durch Retusche und Bearbeitung können Unvollkommenheiten im Bild, wie Flecken oder Staub, entfernt werden. Außerdem können bestimmte Details hervorgehoben oder verbessert werden.

Effekte und Filter: Effekte und Filter können verwendet werden, um visuelle Stileffekte hinzuzufügen, wie zum Beispiel Vintage-Look, Sepia-Töne oder Farbverfremdungen.

Tonbearbeitung:

Audio- Schnitt und Arrangement: Ähnlich wie beim Videoschnitt beinhaltet die Audio-Bearbeitung das Schneiden, Arrangieren und Zusammenfügen von Audio-Clips, um eine kohärente und fließende Audiowiedergabe zu gewährleisten.

Audioeffekte: Durch Hinzufügen von Audioeffekten wie Hall, Echo, Equalizer-Einstellungen und Rauschunterdrückung kann die Klangqualität und Atmosphäre des Tons verbessert werden.

Musik und Sounddesign: Die Auswahl von Musikstücken und die Erstellung von Soundeffekten tragen zur

Stimmung und zum Erzählfluss eines Videos bei. Musik und Soundeffekte können die visuellen Elemente verstärken und die emotionale Wirkung steigern.

Sprachaufnahmen und Voice-Over: Wenn es gesprochenen Text oder Voice-Over im Video gibt, ist es wichtig, klare und verständliche Aufnahmen zu erstellen. Die Tonbearbeitung kann dazu verwendet werden, die Sprachqualität zu verbessern und Hintergrundgeräusche zu minimieren.

Synchronisation: In Filmen und Videos ist die Synchronisation von Ton und Bild von entscheidender Bedeutung. Es ist wichtig, sicherzustellen, dass die Audiospuren perfekt mit den visuellen Bewegungen übereinstimmen.

Die Kombination von Bild- und Tonbearbeitung ermöglicht es, visuelle und auditive Elemente in einem Medienprojekt nahtlos miteinander zu verbinden. Dies trägt zur Schaffung einer beeindruckenden visuellen und auditiven Erfahrung für das Publikum bei. Professionelle Bearbeitungstools und -software bieten eine breite Palette von Optionen, um die Qualität und den kreativen Ausdruck von Bildern und Tönen zu steigern.

Videobearbeitungstechniken

Videobearbeitungstechniken sind kreative Methoden und Strategien, die verwendet werden, um Rohmaterial in ein zusammenhängendes und beeindruckendes Video umzuwandeln. Diese Techniken helfen dabei, visuelle Geschichten zu erzählen, Stimmungen zu schaffen und die Qualität eines Videos zu verbessern. Hier sind einige wichtige Videobearbeitungstechniken:

Schnitttechniken:

Harter Schnitt: Ein abrupter Wechsel von einer Szene zur nächsten ohne Übergang.

Überblendung: Ein sanfter Übergang zwischen zwei Szenen, bei dem eine Szene allmählich durch die andere ersetzt wird.

Schwenk/Zoom-Schnitt: Ein Schnitt, der eine Bewegung innerhalb einer Szene simuliert, indem der Fokus von einem Bereich zum anderen wechselt.

Jump Cut: Ein Schnitt, der eine ungewöhnliche Bewegung oder Störung im Bild erzeugt, oft verwendet, um die Zeit oder den Fokus zu verkürzen.

Übergänge:

Blendung: Eine Überbelichtung des Bildes, die den Übergang von einer Szene zur nächsten erzeugt.

Wischblende: Ein Effekt, bei dem eine Szene allmählich durch eine andere "gewischt" wird.

Abspaltung: Ein Übergang, bei dem das Bild horizontal oder vertikal in zwei Teile geschnitten wird, die sich dann auseinander bewegen.

Farbkorrektur und Grading:

Farbstil: Durch Anpassung von Farben und Kontrast kann ein bestimmter visueller Stil oder eine bestimmte Atmosphäre erzeugt werden.

Farbkontrast: Das Hervorheben von bestimmten Farben oder Farbgruppen, um visuelle Kontraste zu schaffen.

Bewegungseffekte: Zeitlupe und Zeitraffer: Durch Verlangsamen oder Beschleunigen der Abspielgeschwindigkeit von Aufnahmen können dramatische Effekte erzielt werden.

Bewegungsunschärfe: Ein Effekt, der erzeugt wird, indem die Bewegung im Video unscharf gemacht wird, um Dynamik und Realismus zu erzeugen.

Bild-im-Bild und Überlagerungen: Bild-im-Bild: Das Einbetten eines kleinen Videos innerhalb des Hauptvideos, um eine zweite Handlung oder Perspektive zu zeigen.

Überlagerungen: Das Hinzufügen von Grafiken, Text oder visuellen Elementen über das Video, um zusätzliche Informationen zu liefern.

Split-Screen: Die Aufteilung des Bildschirms in zwei oder mehr Teile, um gleichzeitig mehrere Szenen zu zeigen.

Tonbearbeitungstechniken:

Voice-Over: Das Hinzufügen einer Erzählerstimme, um Informationen oder Kommentare zu liefern.

Soundeffekte: Das Einbetten von Geräuschen oder Effekten, um die Realität oder Atmosphäre zu verstärken.

Musikmontage: Das Kombinieren verschiedener Musikstücke, um die Stimmung des Videos zu beeinflussen. Narrative Struktur:

Montage: Die Kombination von kurzen, aufeinanderfolgenden Szenen, um eine Abfolge von Ereignissen darzustellen.

Flashback/Flashforward: Das Einbetten von Szenen aus der Vergangenheit oder Zukunft, um die Handlung zu vertiefen oder Spannung aufzubauen.

Diese Videobearbeitungstechniken sind Werkzeuge, um visuelle und emotionale Wirkungen zu erzeugen und die Erzählung zu verbessern. Die Wahl der richtigen Technik hängt von der gewünschten Wirkung und der Art des Videos ab. Kreativität, Erfahrung und die Fähigkeit, Techniken geschickt einzusetzen, sind entscheidend, um ein ansprechendes und professionelles Video zu erstellen.

Storytelling durch Videoschnitt

Storytelling durch Videoschnitt ist eine Kunstform, bei der der Schnitt von Videomaterial verwendet wird, um eine kohärente und emotionale Erzählung zu schaffen. Der Videoschnitt ist ein mächtiges Werkzeug, um die Handlung, die Charakterentwicklung und die Stimmung einer Geschichte zu gestalten. Hier sind einige Möglichkeiten, wie Videoschnitt für effektives Storytelling genutzt werden kann:

Rhythmus und Tempo: Der Schnitt bestimmt das Tempo der Erzählung. Schnellere Schnitte erzeugen Spannung und Dynamik, während langsamere Schnitte Emotionen betonen oder den Fokus auf Details legen können. Der Rhythmus der Schnitte kann das Publikum in die Geschichte eintauchen lassen.

Parallelmontage: Durch das Wechseln zwischen verschiedenen Schauplätzen oder Handlungssträngen kann Spannung erzeugt werden. Dies ermöglicht es, mehrere Aspekte der Handlung gleichzeitig zu zeigen und die Verbindung zwischen ihnen herzustellen.

Zeitsprünge: Durch den Schnitt kann die Zeit vor- oder zurückgespult werden, um Flashbacks oder

Vorahnungen zu zeigen. Zeitsprünge können helfen, die Hintergrundgeschichte oder Motivationen der Charaktere zu enthüllen.

Montage: Die Montage von aufeinanderfolgenden Schnitten kann eine längere Zeitspanne in kurzer Zeit darstellen. Dies wird oft verwendet, um das Vergehen von Zeit oder die Entwicklung von Charakteren oder Beziehungen zu zeigen.

Bild-im-Bild: Das Einbetten eines kleineren Bildes in das Hauptbild ermöglicht es, zwei Szenen gleichzeitig zu zeigen. Dies kann dazu verwendet werden, parallele Handlungen oder innere Konflikte eines Charakters darzustellen.

Match-Cut: Durch das Überblenden oder Überblenden von ähnlichen Elementen in zwei aufeinanderfolgenden Szenen kann eine visuelle oder thematische Verbindung hergestellt werden.

Kontrast und Parallele: Durch den Kontrast von verschiedenen Szenen oder Charakteren können die Unterschiede betont werden. Gleichzeitig kann die Parallele zwischen Szenen oder Charakteren eine Verbindung herstellen.

Spannungsaufbau: Durch das Schneiden von kurzen Szenen, die auf eine dramatische Enthüllung hinarbeiten, kann die Spannung erhöht werden. Der Zuschauer wird in die Erwartung des Kommenden gezogen.

Sounddesign: Der Schnitt kann auch in Verbindung mit dem Sounddesign eingesetzt werden, um die emotionale Wirkung zu verstärken. Soundeffekte und Musik können den Schnitt unterstützen und betonen.

Finale Montage: Am Ende eines Films oder Videos kann eine Montage von Schlüsselszenen oder Momenten verwendet werden, um die Geschichte zusammenzufassen und den Zuschauern ein abschließendes emotionales Erlebnis zu bieten.

Durch geschickten Videoschnitt können Geschichten in visuell fesselnde und emotionale Erlebnisse verwandelt werden. Ein guter Schnitt zieht die Zuschauer in die Welt der Geschichte und ermöglicht es, Emotionen, Charakterentwicklung und Spannung auf einzigartige Weise zu vermitteln.

Videoproduktionsworkflow

Der Videoproduktionsworkflow ist der organisatorische Prozess, der bei der Erstellung eines Videos von der Konzeption bis zur Fertigstellung durchlaufen wird. Er umfasst eine Reihe von Schritten, die koordiniert werden müssen, um sicherzustellen, dass das Endprodukt die gewünschte Qualität, Botschaft und kreative Vision erreicht. Hier ist eine typische Abfolge von Schritten im Videoproduktionsworkflow:

Konzeption und Planung: Definieren des Videotyps (z. B. Werbevideo, Musikvideo, Dokumentarfilm). Festlegen der Zielgruppe und Ziele des Videos. Entwickeln einer Storyline, eines Drehbuchs oder eines Storyboards. Planung von Drehorten, Besetzung, Ausrüstung und Zeitplan.

Vorbereitung und Vorproduktion: Erstellen eines detaillierten Produktionsplans, der Drehzeiten, Crew-Mitglieder und Aufgaben umfasst. Beschaffung der notwendigen Ausrüstung, einschließlich Kameras, Ton- und Lichtequipment. Casting von Schauspielern, wenn erforderlich. Vorbereitung von Requisiten, Kostümen und Make-up.

Genehmigungen und Drehgenehmigungen einholen, wenn an öffentlichen Orten gedreht wird.

Produktion: Durchführung der Dreharbeiten gemäß dem Produktionsplan. Aufnahme von Videoszenen, Dialogen und Ton. Beibehalten von Notizen und Aufzeichnungen für die spätere Bearbeitung.

Postproduktion: Importieren des aufgenommenen Materials in die Bearbeitungssoftware. Videoschnitt und Zusammenstellung des Rohmaterials gemäß dem Drehbuch oder Storyboard. Hinzufügen von Musik, Soundeffekten, Voice-Over und anderen auditiven Elementen. Farbkorrektur und Grading zur Verbesserung der visuellen Ästhetik. Grafikdesign und Hinzufügen von Texten, Titeln oder visuellen Effekten. Synchronisieren von Bild und Ton für eine reibungslose Wiedergabe.

Feinabstimmung und Überprüfung: Überprüfen des bearbeiteten Videos auf Kohärenz, visuelle Qualität und Klangbalance. Durchführen von Änderungen oder Anpassungen nach Bedarf. Vorführung des Videos an Stakeholder oder Testpublikum zur Bewertung.

Finale Bearbeitung und Export: Endgültiges Rendering und Exportieren des Videos in das gewünschte Format und die Auflösung. Sicherstellen, dass alle technischen Anforderungen erfüllt sind, z. B. Bildverhältnis und Audioqualität.

Veröffentlichung und Verbreitung: Hochladen des fertigen Videos auf Plattformen wie YouTube, Vimeo oder sozialen Medien. Teilen des Videos mit dem Zielpublikum. Verwaltung der Reaktionen, Kommentare und Interaktionen auf dem veröffentlichten Video. Ein effektiver Videoproduktionsworkflow erfordert eine enge Zusammenarbeit zwischen Regisseuren, Produzenten, Kameraleuten, Bearbeitern und anderen Mitgliedern des Produktionsteams. Die klare Kommunikation, Planung und Organisation sind entscheidend, um sicherzustellen, dass das Endprodukt den Erwartungen entspricht und erfolgreich beim Publikum ankommt.

Farbtheorie in der Videobearbeitung

Die Farbtheorie spielt eine entscheidende Rolle in der Videobearbeitung, da Farben nicht nur visuelle Ästhetik vermitteln, sondern auch Emotionen, Stimmungen und Bedeutungen transportieren können. Die Anwendung der Farbtheorie hilft bei der Gestaltung eines visuellen Erlebnisses, das die gewünschten Botschaften und Gefühle vermittelt. Hier sind einige Grundlagen der Farbtheorie in der Videobearbeitung:

Farbwheel und Farbharmonie: Das Farbrad zeigt die Beziehungen zwischen verschiedenen Farben an. Es besteht aus Primärfarben (Rot, Blau, Gelb), Sekundärfarben (durch Mischen von Primärfarben) und Tertiärfarben (durch Mischen von Primär- und Sekundärfarben).

Farbharmonie bezieht sich auf die Kombination von Farben, die visuell ansprechend sind. Gängige Farbharmonien sind komplementäre Farben (gegenüberliegende Farben im Farbrad), analoge Farben (benachbarte Farben) und monochrome Farben (verschiedene Schattierungen derselben Farbe).

Farbtemperatur: Farben werden oft in warme (Rot, Orange, Gelb) und kühle (Blau, Grün, Violett) Farbtöne unterteilt. Warme Farben können Lebendigkeit, Energie und Intimität vermitteln, während kühle Farben Ruhe, Professionalität und Abstand suggerieren können.

Psychologie der Farben: Farben haben emotionale Konnotationen. Zum Beispiel kann Rot Leidenschaft und Energie symbolisieren, Blau Ruhe und Vertrauen, Grün Natur und Frische usw. Die Wahl der Farben sollte mit der beabsichtigten Stimmung und Botschaft des Videos übereinstimmen. Zum Beispiel kann eine romantische Szene mit warmen Farben und sanften Tönen verstärkt werden.

Farbkontrast und Betonung: Ein hoher Kontrast zwischen Farben kann visuell ansprechend sein und wichtige Elemente hervorheben. Ein Beispiel ist ein leuchtend roter Gegenstand vor einem dunkelgrünen Hintergrund. Farbe kann verwendet werden, um den Fokus auf bestimmte Bereiche oder Objekte im Bild zu lenken.

Farbfilter und Grading: Farbfilter und Grading in der Postproduktion können verwendet werden, um die Farbgebung und Stimmung eines Videos anzupassen.

Zum Beispiel können warme Filter eine nostalgische Stimmung erzeugen, während kühle Filter eine futuristische Atmosphäre schaffen können.

Farbtheorie und Genre: Verschiedene Genres und Themen können durch bestimmte Farbpaletten unterstützt werden. Ein Horrorfilm kann dunkle und düstere Farben verwenden, während ein Naturdokumentarfilm helle und lebendige Farben haben kann.

Die Verwendung von Farbtheorie in der Videobearbeitung erfordert ein Verständnis für die Wirkung von Farben auf die visuelle Wahrnehmung und Emotionen des Publikums. Durch die gezielte Anwendung der Farbtheorie kann ein Video tiefergehend interpretiert und mit einer bestimmten Botschaft oder Atmosphäre aufgeladen werden.

Bildkomposition in Bewegtbildern

Die Bildkomposition in Bewegtbildern, auch bekannt als visuelle Komposition, ist ein entscheidender Aspekt der Videoproduktion, der dazu dient, die visuelle Ästhetik, die Erzählung und die Wirkung eines Videos zu gestalten. Ähnlich wie in der Fotografie geht es bei der Bildkomposition darum, die Elemente im Bild bewusst anzuordnen, um ein ausgewogenes, ansprechendes und bedeutungsvolles visuelles Erlebnis zu schaffen. Hier sind einige wichtige Aspekte der Bildkomposition in Bewegtbildern:

Regel des Drittels: Diese Regel teilt das Bild in ein Raster aus neun gleichgroßen Quadraten auf, indem zwei horizontale und zwei vertikale Linien gezeichnet werden. Wichtige Elemente sollten entlang dieser Linien oder an den Schnittpunkten platziert werden, um eine ausgewogene Komposition zu erreichen.

Blickführung: Die Anordnung von Elementen im Bild sollte die Augen des Betrachters durch das Bild leiten und eine natürliche Bewegung oder Reihenfolge der Betrachtung fördern. Dies kann durch Linien, Formen oder Bewegung erreicht werden.

Framing und Leerstellen: Die Verwendung von Rahmen, wie Türen, Fenstern oder anderen Elementen, kann das Hauptmotiv betonen und den Fokus lenken. Leerstellen oder negative Räume können verwendet werden, um die visuelle Balance zu unterstützen.

Symmetrie und Asymmetrie: Symmetrische Anordnungen erzeugen eine formale und ruhige Atmosphäre, während asymmetrische Anordnungen Spannung und Interesse erzeugen können.

Goldener Schnitt: Ähnlich wie die Regel des Drittels schlägt der Goldene Schnitt vor, das Bild in bestimmte Proportionen zu teilen, um eine angenehme und harmonische Komposition zu erzeugen.

Bewegung und Ausrichtung: Die Ausrichtung von sich bewegenden oder statischen Elementen kann dazu verwendet werden, Bewegung oder Richtung zu vermitteln. Zum Beispiel kann eine Person, die von links nach rechts geht, ein Gefühl von Fortschritt vermitteln.

Fokus und Schärfentiefe: Die Auswahl des Hauptmotivs und die Verwendung von Schärfentiefe können dazu verwendet werden, den Hintergrund zu verschwimmen und das Hauptmotiv hervorzuheben.

Farb- und Kontrastgestaltung: Die Anordnung von Farben und Kontrasten kann verwendet werden, um visuelle Hierarchien zu erstellen und den Fokus auf bestimmte Elemente zu lenken.

Bewegung und Schnitt: Bei bewegten Bildern kann die Bewegung der Kamera oder der Schwenk dazu verwendet werden, die Perspektive zu ändern und die visuelle Dynamik zu steigern.

Die Bildkomposition in Bewegtbildern erfordert ein tiefes Verständnis für die visuellen Grundprinzipien und die Fähigkeit, sie kreativ und gezielt einzusetzen, um eine effektive visuelle Erzählung zu schaffen. Eine sorgfältige Planung und Gestaltung der Bildkomposition trägt wesentlich dazu bei, die emotionale Wirkung, die Narration und die Gesamtwirkung eines Videos zu beeinflussen.

Videobearbeitung für soziale Medien

Die Videobearbeitung für soziale Medien erfordert spezifische Ansätze und Techniken, um Inhalte zu erstellen, die für die Plattformen optimiert sind und die Aufmerksamkeit der Zuschauer in den sozialen Netzwerken auf sich ziehen. Da die Aufmerksamkeitsspanne auf sozialen Medien oft begrenzt ist, ist es wichtig, Inhalte schnell und effektiv zu präsentieren. Hier sind einige wichtige Aspekte der Videobearbeitung für soziale Medien:

Kurze Länge: Die meisten sozialen Medien haben Begrenzungen für die Dauer von Videos. Stellen Sie sicher, dass Ihre Videos kurz und prägnant sind, um die Aufmerksamkeit der Zuschauer zu halten. 15 bis 60 Sekunden sind oft ideal für Plattformen wie Instagram, TikTok und Twitter.

Schnelle Einführung: Beginnen Sie das Video mit einem fesselnden Moment, um das Interesse der Zuschauer sofort zu wecken. Innerhalb der ersten Sekunden sollte klar sein, worum es im Video geht.

Texteinblendungen: Viele soziale Medien werden ohne Ton angesehen. Fügen Sie daher Texteinblendungen oder Untertitel hinzu, um die Botschaft zu vermitteln, selbst wenn der Ton ausgeschaltet ist.

Auffällige Thumbnails: Ein ansprechendes Thumbnail (Vorschaubild) ist wichtig, um die Zuschauer dazu zu bringen, das Video anzuklicken. Stellen Sie sicher, dass das Thumbnail neugierig macht und das Thema des Videos verdeutlicht.

Visuelle Dynamik: Verwenden Sie schnelle Schnitte, Bewegung und visuelle Effekte, um das Video ansprechend und energiegeladen zu gestalten.

Kreative Gestaltung: Experimentieren Sie mit auffälligen Farben, Grafiken und Animationen, um das Video in den sozialen Feeds hervorzuheben.

Plattformspezifische Anpassungen: Berücksichtigen Sie die Besonderheiten jeder Plattform. Zum Beispiel eignen sich vertikale Videos gut für Instagram Stories, während horizontale Formate besser für YouTube sind.

Call-to-Action (CTA): Fügen Sie am Ende des Videos einen klaren CTA hinzu, der die Zuschauer zum Handeln auffordert, z. B. "Gefällt mir", Teilen oder den Link zur Website besuchen.

Überarbeitung für Mobilgeräte: Denken Sie daran, dass die meisten Menschen soziale Medien auf Mobilgeräten nutzen. Stellen Sie sicher, dass Ihr Video für mobile Ansichten optimiert ist.

Analyse und Anpassung: Verwenden Sie die Analysetools der Plattformen, um die Leistung Ihrer Videos zu überwachen. Passen Sie Ihre Bearbeitungstechniken entsprechend an, um festzustellen, welche Art von Inhalten bei Ihrem Publikum am besten ankommt.

Die Videobearbeitung für soziale Medien erfordert Kreativität, Anpassungsfähigkeit und ein Verständnis für die Gewohnheiten und Erwartungen des sozialen Publikums. Indem Sie diese spezifischen Techniken und Ansätze anwenden, können Sie Inhalte erstellen, die die Aufmerksamkeit erfassen und sich erfolgreich in den sozialen Medien verbreiten.

Effiziente Arbeitsabläufe in der Videobearbeitung

Effiziente Arbeitsabläufe in der Videobearbeitung sind entscheidend, um Zeit zu sparen, die Qualität zu maximieren und den gesamten Bearbeitungsprozess reibungslos zu gestalten. Ein gut durchdachter Arbeitsablauf ermöglicht es, Projekte effizienter zu bewältigen und stressige Situationen zu minimieren. Hier sind einige Schritte und Prinzipien, um einen effizienten Arbeitsablauf in der Videobearbeitung zu erreichen:

Vorbereitung und Organisation: Beginnen Sie mit einer klaren Planung und Vorbereitung, bevor Sie mit der Bearbeitung beginnen. Dies umfasst das Sammeln von Materialien, das Erstellen eines Drehbuchs oder Storyboards und die Festlegung von Zielen.

Ordnen Sie das Material: Importieren Sie Ihr aufgenommenes Material in die Bearbeitungssoftware und organisieren Sie es in geeigneten Ordnern oder Bibliotheken. Dies erleichtert das Auffinden von Clips während des Bearbeitungsprozesses.

Rohschnitt und Selektion: Durchlaufen Sie das gesamte Filmmaterial und erstellen Sie einen Rohschnitt, bei dem Sie die besten Aufnahmen auswählen und die unerwünschten Teile entfernen. Dies schafft eine solide Grundlage für den weiteren Bearbeitungsprozess.

Storytelling und Struktur: Arbeiten Sie am Aufbau der Geschichte und der Struktur des Videos. Platzieren Sie Clips in einer sinnvollen Reihenfolge und entwickeln Sie die Erzählung.

Feinschnitt und Bearbeitung: Verfeinern Sie den Schnitt, indem Sie Übergänge, Effekte, Texte, Musik und Soundeffekte hinzufügen. Achten Sie darauf, dass der Schnitt flüssig und logisch ist.

Farbkorrektur und Grading: Führen Sie Farbkorrekturen und Grading durch, um die visuelle Ästhetik des Videos zu verbessern. Stellen Sie sicher, dass Farben konsistent sind und die gewünschte Stimmung vermitteln.

Tonbearbeitung: Bearbeiten Sie den Ton, indem Sie Hintergrundgeräusche entfernen, die Lautstärke anpassen und Soundeffekte hinzufügen. Achten Sie auf klare Sprachverständlichkeit.

Überprüfung und Feedback: Lassen Sie andere Personen das bearbeitete Video überprüfen und Feedback geben. Dies kann helfen, blinde Flecken zu erkennen und Verbesserungsvorschläge zu erhalten.

Endfassung und Export: Führen Sie die letzten Anpassungen durch, bevor Sie das Video in das gewünschte Format und die gewünschte Auflösung exportieren.

Verwendung von Vorlagen und Voreinstellungen: Nutzen Sie Vorlagen und Voreinstellungen für Effekte, Übergänge und Farbkorrekturen, um Zeit zu sparen und eine konsistente Ästhetik zu gewährleisten.

Effiziente Hardware und Software: Investieren Sie in leistungsfähige Computerhardware und Bearbeitungssoftware, um einen reibungslosen Arbeitsablauf zu gewährleisten.

Automatisierung und Tastenkürzel: Nutzen Sie Tastenkürzel und Automatisierungsfunktionen, um häufig wiederkehrende Aufgaben schneller zu erledigen.

Versionskontrolle: Wenn mehrere Personen am Projekt arbeiten, verwenden Sie eine klare Versionskontrolle, um sicherzustellen, dass Änderungen verfolgt werden und nichts verloren geht.

Ein effizienter Arbeitsablauf in der Videobearbeitung erfordert eine Kombination aus Planung, Organisation, technischem Know-how und kreativem Denken. Durch die Optimierung der einzelnen Schritte und die Verwendung von bewährten Methoden können Sie Zeit sparen und qualitativ hochwertige Videos erstellen.

Free-Foto Pixabay

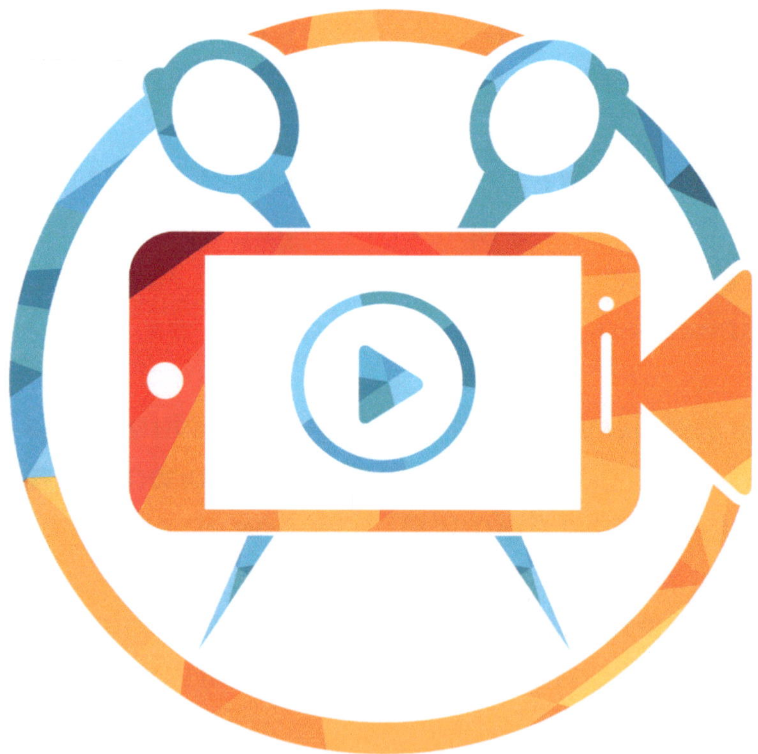

Sounddesign und Audioverbesserung

Sounddesign und Audioverbesserung spielen eine entscheidende Rolle in der Videoproduktion, da der Klang genauso wichtig ist wie das visuelle Erlebnis. Ein professionelles Sounddesign trägt zur Atmosphäre, zur Erzählung und zur Gesamtwirkung eines Videos bei. Hier sind einige Aspekte des Sounddesigns und der Audioverbesserung:

Tonqualität während der Aufnahme: Die Qualität des aufgenommenen Tons ist entscheidend. Verwenden Sie hochwertige Mikrofone und stellen Sie sicher, dass Hintergrundgeräusche minimiert werden.

Tonbearbeitungssoftware: Verwenden Sie professionelle Audio-Editing-Software, um den Ton zu bearbeiten und zu verbessern. Beliebte Optionen sind Adobe Audition, Pro Tools, Audacity und Reaper.

Rauschentfernung und Audio-Reparatur: Entfernen Sie störende Hintergrundgeräusche wie Rauschen, Knacken oder Windgeräusche mit Hilfe von Filtern und Werkzeugen zur Audio-Reparatur.

Audiopegel und Balance: Stellen Sie sicher, dass die Lautstärke aller Audiospuren gut ausbalanciert ist und nicht verzerrt wird. Verwenden Sie Audio-Kompressoren und Limiter, um die Lautstärke gleichmäßig zu halten.

Voice-Over und Synchronisation: Bearbeiten Sie Voice-Over-Aufnahmen, um sie klar und deutlich zu machen. Synchronisieren Sie Audio- und Videospuren so, dass Mundbewegungen und Ton übereinstimmen.

Musik und Soundeffekte: Fügen Sie passende Hintergrundmusik und Soundeffekte hinzu, um die Stimmung und Atmosphäre des Videos zu unterstützen. Achten Sie darauf, dass die Musik nicht den gesprochenen Text überdeckt.

Räumlicher Klang (Spatial Audio): Bei bestimmten Projekten kann räumlicher Klang verwendet werden, um ein immersiveres Erlebnis zu schaffen. Dies kann 3D-Audio, Panoramaverfolgung oder Surround-Sound umfassen.

Tonhöhe und Geschwindigkeitsanpassung: Ändern Sie die Tonhöhe von Audiospuren, um sie an die gewünschte Stimmung anzupassen. Passen Sie auch die

Geschwindigkeit von Soundeffekten an, um bestimmte Effekte zu erzielen.

Atmosphäre und Umgebungsgeräusche: Fügen Sie Umgebungsgeräusche hinzu, um eine realistische Kulisse zu schaffen. Dies kann Stadtlärm, Naturgeräusche oder Hintergrundgespräche umfassen.

Latenz und Synchronisation: Stellen Sie sicher, dass die Tonspuren mit den visuellen Elementen des Videos synchronisiert sind, um unangenehme Latenz oder Verzögerungen zu vermeiden.

Audiomix und Export: Mischen Sie alle Audiospuren sorgfältig ab, um sicherzustellen, dass Dialog, Musik und Soundeffekte im richtigen Verhältnis stehen. Exportieren Sie schließlich das fertige Audio in hoher Qualität.

Ein hochwertiges Sounddesign und eine professionelle Audioverbesserung können dazu beitragen, die Qualität Ihres Videos erheblich zu steigern. Ein ausgewogener, klarer und ansprechender Klang verbessert nicht nur das visuelle Erlebnis, sondern sorgt auch dafür, dass die Botschaften und Emotionen des Videos effektiv vermittelt werden.

Videobearbeitung für verschiedene Genres

Die Videobearbeitung variiert je nach Genre, da jedes Genre spezifische Anforderungen für die Darstellung von Stimmung, Handlung und Ästhetik hat. Hier sind einige Richtlinien für die Videobearbeitung in verschiedenen Genres:

Dokumentarfilm: Betonen Sie die Authentizität. Halten Sie den Schnitt flüssig und erlauben Sie den Zuschauern, sich in die Geschichte zu vertiefen. Verwenden Sie Interviews, Archivaufnahmen und B-Roll, um Fakten zu vermitteln und Expertenmeinungen zu unterstützen. Achten Sie auf klaren Ton und deutliche Dialoge, da Informationen von entscheidender Bedeutung sind.

Drama und Erzählung: Betonen Sie emotionale Momente und Charakterentwicklung durch geschickte Schnitte und Kameraarbeit. Nutzen Sie Musik, um die Stimmung zu vertiefen und dramatische Höhepunkte zu unterstützen. Achten Sie auf eine kohärente Handlung und flüssige Übergänge zwischen den Szenen.

Komödie: Setzen Sie auf Timing und Rhythmus, um Lacher zu erzeugen. Bearbeiten Sie Dialoge und visuelle Gags, um humorvolle Momente zu verstärken. Überraschende Schnitte und unerwartete Montagen können zur humoristischen Wirkung beitragen. Achten Sie auf Tempo und halten Sie die Zuschauer durch ein schnelles Pacing engagiert.

Action und Abenteuer: Verwenden Sie schnelle Schnitte und visuelle Effekte, um die Intensität der Aktion zu steigern. Spielen Sie mit Kamerafahrten und Winkeln, um die Spannung zu erhöhen. Setzen Sie Soundeffekte und Musik ein, um den Eindruck von Geschwindigkeit und Action zu verstärken.

Horror: Schaffen Sie Spannung durch den geschickten Einsatz von Schnitten, Stille und plötzlichen Schockmomenten. Dunkle Farbpaletten und subtile Farbkorrekturen können die unheimliche Atmosphäre unterstützen. Verwenden Sie Soundeffekte und Musik, um Angst und Anspannung zu erzeugen.

Musikvideo: Synchronisieren Sie den Schnitt mit der Musik, um eine visuelle Verbindung zur Musik herzustellen. Experimentieren Sie mit visuellen Effekten, Farbfiltern und grafischen Elementen, um die künstlerische Vision zu verwirklichen. Betonen Sie den Rhythmus und die Emotionen der Musik durch den Schnitt und die visuellen Effekte.

Dokufiktion (Mockumentary): Mischen Sie dokumentarische Elemente mit fiktiven Aspekten. Achten Sie darauf, dass der Schnitt den Schein einer realen Dokumentation aufrechterhält. Schaffen Sie eine subtile Verschmelzung von Realität und Fiktion durch Schnitt und Bearbeitung.

Science-Fiction und Fantasy: Nutzen Sie visuelle Effekte und Animationen, um fantastische Welten und Elemente darzustellen. Spiel mit Farben und Lichteffekten, um futuristische oder magische Atmosphären zu schaffen.

Achten Sie auf kohärente visuelle Regeln, um die Welt des Genres authentisch wirken zu lassen. Jedes Genre erfordert eine einzigartige Herangehensweise an die Videobearbeitung, um die spezifische Stimmung, die Erzählung und die visuelle Identität des Genres zu erfassen. Durch das Verständnis der spezifischen Anforderungen können Sie Inhalte erstellen, die effektiv die gewünschten Emotionen und Botschaften vermitteln.

Videobearbeitungsethik

Die Videobearbeitungsethik bezieht sich auf die moralischen Prinzipien und Standards, die bei der Bearbeitung von Videos eingehalten werden sollten. Da Videos einen starken Einfluss auf die Wahrnehmung, Meinungsbildung und Emotionen der Zuschauer haben können, ist es wichtig, ethische Richtlinien zu beachten, um sicherzustellen, dass Inhalte fair, respektvoll und verantwortungsbewusst erstellt werden. Hier sind einige Aspekte der Videobearbeitungsethik:

Authentizität und Wahrhaftigkeit: Videos sollten die Realität so darstellen, wie sie ist. Vermeiden Sie bewusste Irreführung oder Manipulation von Inhalten, um eine falsche Wahrnehmung zu erzeugen.

Verantwortungsbewusstsein: Berücksichtigen Sie die möglichen Auswirkungen Ihrer Videos auf das Publikum. Vermeiden Sie Inhalte, die Schaden verursachen könnten, wie etwa gefährliche Stunts oder anstößige Inhalte.

Privatsphäre und Einwilligung: Respektieren Sie die Privatsphäre von Menschen. Holen Sie die Einwilligung ein, bevor Sie Videos von Einzelpersonen oder privaten Orten aufnehmen und verwenden.

Richtige Zitierung und Quellenangabe: Verwenden Sie lizenziertes Material oder solche, die unter fairer Verwendung verwendet werden dürfen. Geben Sie korrekte Quellenangaben an und respektieren Sie das geistige Eigentum anderer.

Soziale Verantwortung: Vermeiden Sie die Verbreitung von Fehlinformationen, Hassrede oder Diskriminierung. Ihre Videos sollten keine negativen Auswirkungen auf die Gesellschaft haben.

Repräsentation und Vielfalt: Bemühen Sie sich um eine ausgewogene Darstellung von Geschlecht, Ethnizität, Kultur und anderen Identitäten, um Stereotypen zu vermeiden und eine inklusive Perspektive zu bieten.

Keine Ausbeutung: Vermeiden Sie die Ausbeutung von Menschen oder Tieren für sensationelle oder sensationslüsterne Zwecke.

Transparenz: Wenn Sie in einer bezahlten Partnerschaft oder als Influencer arbeiten, geben Sie dies transparent an, um das Publikum über mögliche Interessenkonflikte zu informieren.

Respekt vor den Wünschen der Beteiligten: Respektieren Sie die Wünsche von Personen, die in Ihrem Video erscheinen. Wenn jemand seine Einwilligung zurückzieht oder bestimmte Szenen nicht verwenden möchte, beachten Sie das.

Kreative Integrität: Behalten Sie Ihre kreative Integrität bei, um sicherzustellen, dass Ihre Bearbeitungen die beabsichtigte Botschaft und Emotion des Videos nicht verfälschen.

Die Einhaltung ethischer Standards in der Videobearbeitung trägt dazu bei, verantwortungsbewusste und respektvolle Inhalte zu erstellen, die das Publikum informieren, inspirieren und unterhalten, ohne Schaden zu verursachen oder Vertrauen zu missbrauchen.

Free-Foto Pixabay, bearbeitet

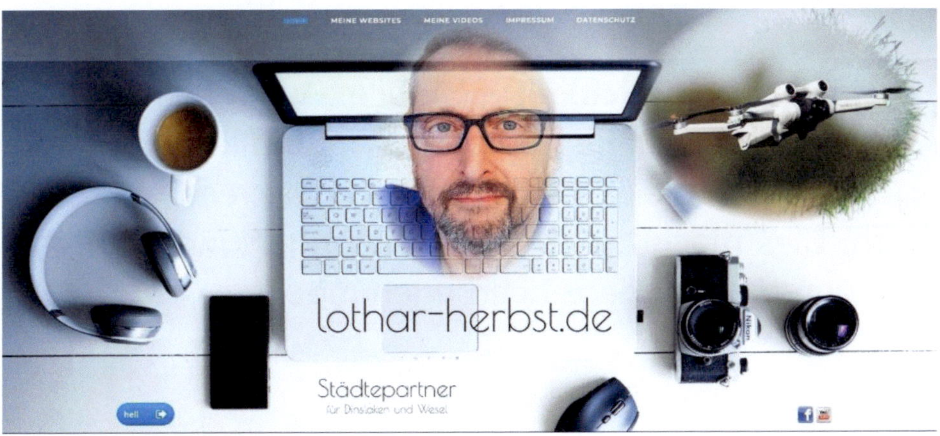

Videobearbeitung auf mobilen Geräten

Die Videobearbeitung auf mobilen Geräten hat sich in den letzten Jahren stark entwickelt und ermöglicht es Nutzern, Videos direkt auf ihren Smartphones oder Tablets zu erstellen und zu bearbeiten. Mobile Videobearbeitungs-Apps bieten eine breite Palette von Funktionen und Werkzeugen, die es sowohl professionellen Videobearbeitern als auch Amateuren ermöglichen, ansprechende Videos zu erstellen. Hier sind einige Aspekte der Videobearbeitung auf mobilen Geräten:

Apps und Software: Es gibt eine Vielzahl von Videobearbeitungs-Apps für mobile Geräte, darunter bekannte Namen wie Adobe Premiere Rush, iMovie (für iOS), Kinemaster, InShot, FilmoraGo und viele andere.

Benutzerfreundlichkeit: Mobile Videobearbeitungs-Apps sind in der Regel benutzerfreundlich und intuitiv gestaltet, um die Bedienung auf Touchscreens zu erleichtern. Dies macht sie ideal für Anfänger und Menschen, die unterwegs Videos bearbeiten möchten.

Grundlegende Bearbeitungsfunktionen: Mobile Apps bieten grundlegende Bearbeitungsfunktionen wie Schneiden, Trimmen, Zusammenfügen von Clips, Hinzufügen von Übergängen, Anpassen der Lautstärke und Hinzufügen von Text.

Filter und Effekte: Mobile Apps bieten eine Vielzahl von Filtern, Effekten und Farbkorrekturen, um das visuelle Aussehen der Videos anzupassen und kreativ zu gestalten.

Hinzufügen von Musik und Soundeffekten: Sie können Musik und Soundeffekte direkt in der App hinzufügen, um die Stimmung und Atmosphäre des Videos zu verstärken.

Grafiken und Animationen: Einige Apps bieten die Möglichkeit, Texte, Aufkleber, Animationen und Grafiken in das Video einzufügen, um die visuelle Darstellung zu verbessern.

Export und Teilen: Nach der Bearbeitung können Sie das fertige Video direkt von der App aus exportieren und auf sozialen Medien, Video-Sharing-Plattformen oder anderen Kanälen teilen.

Integration mit Cloud-Diensten: Viele Apps bieten Integrationen mit Cloud-Diensten wie Dropbox oder Google Drive, um Videos zu speichern und von verschiedenen Geräten aus darauf zuzugreifen.

Echtzeitvorschau: Die meisten Apps bieten Echtzeitvorschauen, damit Sie sehen können, wie Ihre Bearbeitungen das endgültige Video beeinflussen werden.

Touchscreen-Gesten: Mobile Videobearbeitungs-Apps nutzen Touchscreen-Gesten wie Wischen, Pinchen und Zoomen, um das Navigieren und Bearbeiten von Videos zu erleichtern.

Leistungsfähige Hardware: Moderne Smartphones und Tablets bieten leistungsfähige Prozessoren und Grafikchips, die eine reibungslose Bearbeitung von HD- und sogar 4K-Videos ermöglichen.

Die Videobearbeitung auf mobilen Geräten bietet Flexibilität und Bequemlichkeit für diejenigen, die unterwegs oder ohne Zugang zu einem Desktop-Computer arbeiten möchten. Mit den richtigen Apps und etwas Übung können Sie ansprechende Videos erstellen, die für soziale Medien, Präsentationen oder persönliche Projekte geeignet sind.

Zukunft der Videobearbeitung

Die Zukunft der Videobearbeitung verspricht aufregende Entwicklungen und Veränderungen, da Technologien und Trends die Art und Weise, wie Videos erstellt, bearbeitet und konsumiert werden, weiterhin beeinflussen werden. Hier sind einige Bereiche, die die Zukunft der Videobearbeitung prägen könnten:

Künstliche Intelligenz (KI) und Automatisierung: KI-basierte Tools könnten in der Lage sein, automatisch Videos zu schneiden, visuelle Effekte hinzuzufügen, Untertitel zu generieren und sogar kreative Entscheidungen zu treffen. Dies könnte den Bearbeitungsprozess beschleunigen und vereinfachen.

Echtzeitbearbeitung: Schnellere Prozessoren und fortschrittliche Hardware ermöglichen möglicherweise Echtzeit-Videobearbeitung, sodass Editoren Änderungen sofort sehen können, ohne auf die Vorschau zu warten.

Erweiterte visuelle Effekte: Fortschritte in der Computergrafik und visuellen Effekten könnten zu beeindruckenderen und realistischeren visuellen Effekten führen, die in Echtzeit in Videos integriert werden können.

360-Grad- und Virtual Reality-Videos: Die Videobearbeitung könnte auf die Anforderungen von 360-Grad- und Virtual Reality-Videos abgestimmt werden, um ein immersiveres Erlebnis zu bieten.

Personalisierung und Interaktivität: Zuschauer könnten die Möglichkeit haben, den Verlauf oder das Ende eines Videos zu beeinflussen, indem sie interaktive Elemente verwenden. Die Bearbeitung könnte sich auf die Schaffung solcher dynamischen Inhalte ausrichten.

Cloud-basierte Bearbeitung: Cloud-basierte Videobearbeitungsplattformen könnten es Teams ermöglichen, gemeinsam an Projekten zu arbeiten und nahtlos auf Ressourcen und Dateien zuzugreifen.

Mehrkanal- und plattformübergreifende Ausgabe: Die Bearbeitung könnte flexibler werden, um Videos für verschiedene Plattformen und Kanäle zu optimieren, von sozialen Medien über traditionelle Fernsehsender bis hin zu Streaming-Plattformen.

Bessere Spracherkennung und Übersetzung: Fortschritte in der Spracherkennung und Übersetzungstechnologie könnten die automatische Erstellung von

Untertiteln und die Übersetzung von Videos in verschiedene Sprachen erleichtern.

Personalisierte Werbung und Empfehlungen: Bearbeitungstools könnten dazu beitragen, personalisierte Werbung und Videoempfehlungen zu erstellen, indem sie den Inhalt an die Interessen und Vorlieben der Zuschauer anpassen.

Social-Media-Integration: Bearbeitungssoftware könnte sich nahtlos in soziale Medien integrieren, um die Erstellung von Inhalten für Plattformen wie Instagram, TikTok und andere zu erleichtern.

Holographische und immersivere Erlebnisse: In der Zukunft könnten Bearbeitungstools entwickelt werden, die Hologramme oder andere immersive Technologien nutzen, um Videos in dreidimensionalen Räumen zu erstellen. Die Zukunft der Videobearbeitung wird zweifellos von technologischen Fortschritten geprägt sein, die die Kreativität der Bearbeiter erweitern und gleichzeitig den Prozess schneller und zugänglicher machen können. Die Fähigkeit, innovative und fesselnde Videos zu erstellen, wird weiterhin einen großen Einfluss auf die Unterhaltungsindustrie, die Werbung, die Bildung und viele andere Bereiche haben.

Videoaufnahmen mit Drohnen

Drohnen-Videoaufnahmen sind eine aufregende Möglichkeit, beeindruckende Luftaufnahmen zu erstellen und eine ganz neue Perspektive auf die Welt zu bieten. Allerdings gibt es einige wichtige Regeln und Vorschriften, die bei der Nutzung von Drohnen beachtet werden müssen, um die Sicherheit von Menschen, Eigentum und der Luftfahrt zu gewährleisten. Hier sind einige grundlegende Informationen und Regeln:

Flugverbotszonen: Drohnen dürfen nicht überall fliegen. Es gibt Flugverbotszonen, die unbedingt einzuhalten sind. Dazu gehören Gebiete in der Nähe von Flughäfen, Regierungsgebäuden, Menschenansammlungen, Industrieanlagen und anderen sensiblen Bereichen.

Kennzeichnung und Registrierung: In vielen Ländern müssen Drohnen ab einer bestimmten Gewichtsklasse registriert und gekennzeichnet werden. Dies dient der Identifizierung des Eigentümers und hilft bei der Durchsetzung von Vorschriften.

Flughöhe: Die maximale Flughöhe für Drohnen ist oft gesetzlich festgelegt. Sie variiert je nach Land und

Region, liegt jedoch in der Regel zwischen 120 und 150 Metern über Grund.

Sichtlinie: Drohnen sollten immer in Sichtweite des Piloten bleiben. Das bedeutet, dass Sie die Drohne jederzeit sehen können sollten, ohne visuelle Hilfsmittel wie Ferngläser oder Monitore.

Datenschutz: Respektieren Sie die Privatsphäre anderer. Vermeiden Sie es, ohne Erlaubnis in Privatbereichen zu filmen oder zu fotografieren.

Menschenansammlungen: Vermeiden Sie das Fliegen über Menschenansammlungen, um Verletzungsgefahren zu minimieren.

Rücksicht auf die Natur: Respektieren Sie die Umwelt und Tierwelt. Fliegen Sie nicht über Tiergebiete oder Naturschutzgebiete.

Wetterbedingungen: Fliegen Sie nur bei guten Wetterbedingungen. Starke Winde, Regen und schlechte Sicht können die Steuerung der Drohne beeinträchtigen.

Vermeiden von Flugzeugen und Hubschraubern: Halten Sie Abstand von bemannten Flugzeugen und

Hubschraubern. Drohnen könnten eine Gefahr für den Luftverkehr darstellen.

Versicherung: In vielen Ländern ist eine Haftpflichtversicherung für Drohnenbetreiber obligatorisch, um mögliche Schäden abzudecken.

Flugerlaubnis (LBA) und Drohnenverordnung:

In Deutschland gelten seit dem 1. Januar 2021 neue Regeln für den Betrieb von Drohnen, die auf der EU-Drohnenverordnung basieren. Diese Regeln unterscheiden zwischen drei Betriebskategorien: offen, spezifisch und zertifiziert.

Die meisten Hobby- und Freizeitpiloten werden in der offenen Betriebskategorie fliegen, die wiederum in drei Unterkategorien unterteilt ist: **A1**, **A2** und **A3**.

Für jede dieser Unterkategorien gelten unterschiedliche Anforderungen an die Drohne und den Fernpiloten.

Für den Betrieb in der Unterkategorie A1 dürfen Sie Drohnen mit einem Gewicht von bis zu 900 Gramm verwenden, die mit einem CE-Kennzeichen der Klasse C0 oder C1 versehen sind. Diese Drohnen dürfen über Menschen fliegen, aber nicht über Menschenansammlungen. Für diese Drohnen benötigen Sie einen EU-Kompetenznachweis (kleiner Drohnenführschein), den Sie nach einem Online-Lehrgang und einer Prüfung beim Luftfahrt-Bundesamt oder einer Prüfstelle erhalten können1.

Für den Betrieb in der Unterkategorie A2 dürfen Sie Drohnen mit einem Gewicht von bis zu 4 Kilogramm verwenden, die mit einem CE-Kennzeichen der Klasse C2 versehen sind. Diese Drohnen dürfen sich Menschen bis auf 30 Meter nähern, oder bis auf 5 Meter, wenn die Drohne in den Schleichmodus geschaltet wird. Für diese Drohnen benötigen Sie ein EU-Fernpilotenzeugnis (großer Drohnenführerschein), das aus einem EU-Kompetenznachweis und einer praktischen Selbstschulung besteht.

Für den Betrieb in der Unterkategorie A3 dürfen Sie Drohnen mit einem Gewicht von bis zu 25 Kilogramm verwenden, die entweder kein CE-Kennzeichen haben oder mit einem CE-Kennzeichen der Klasse C3 oder C4 versehen sind. Diese Drohnen dürfen nur in einem Abstand von mindestens 150 Metern zu Wohn-, Gewerbe-, Industrie- oder Erholungsgebieten fliegen und müssen einen Sicherheitsabstand zu Menschen einhalten. Für diese Drohnen benötigen Sie ebenfalls einen EU-Kompetenznachweis1.

Für alle Drohnen ab 250 Gramm oder mit einer Kamera müssen Sie sich außerdem beim Luftfahrt-Bundesamt registrieren und eine Registriernummer an Ihrer Drohne anbringen. Zudem müssen Sie eine gültige Haftpflichtversicherung für Ihre Drohne haben.

Ich hoffe, diese Informationen waren hilfreich für Sie. Sie bieten eine Momentaufnahme der aktuellen Drohnenverordnung, die jedoch an Veränderungen unterliegen kann. Daher ist es von entscheidender Bedeutung, dass Sie vor jedem Drohnen-Videoflug stets die aktuellsten Verordnungen und Richtlinien überprüfen.

Die Regeln und Vorschriften im Zusammenhang mit Drohnen können sich mit der Zeit ändern, um sicherzustellen, dass die Luftfahrt, die Sicherheit von Menschen und Eigentum sowie die Privatsphäre respektiert werden. Indem Sie sich immer über die neuesten Bestimmungen informieren, können Sie nicht nur rechtliche Konsequenzen vermeiden, sondern auch zu einer sicheren und verantwortungsbewussten Drohnennutzung beitragen.

Genießen Sie die Möglichkeiten der Drohnen-Videoaufnahmen, aber vergessen Sie nicht, dass sie mit Verantwortung einhergehen. Indem Sie die aktuellen Verordnungen beachten, tragen Sie dazu bei, dass die Faszination der Drohnentechnologie für alle Beteiligten positiv bleibt.

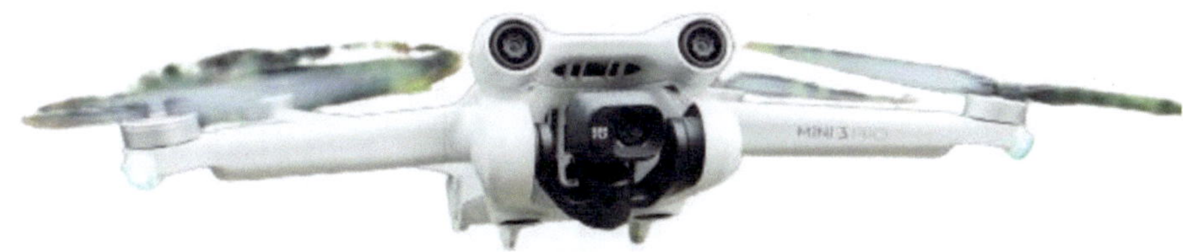

Fotografie und Videobearbeitung

„zwischen Pixeln und Frames"

Ausgabe 2025

Autoren-Information Lothar Herbst
Webdesigner, Redakteur, Autor und Fotograf:

Online:

Lothar Herbst   https://lothar-herbst.de

Meine Bücher: BoD-Verlag, AMAZON, Thalia
                       und andere Buchläden

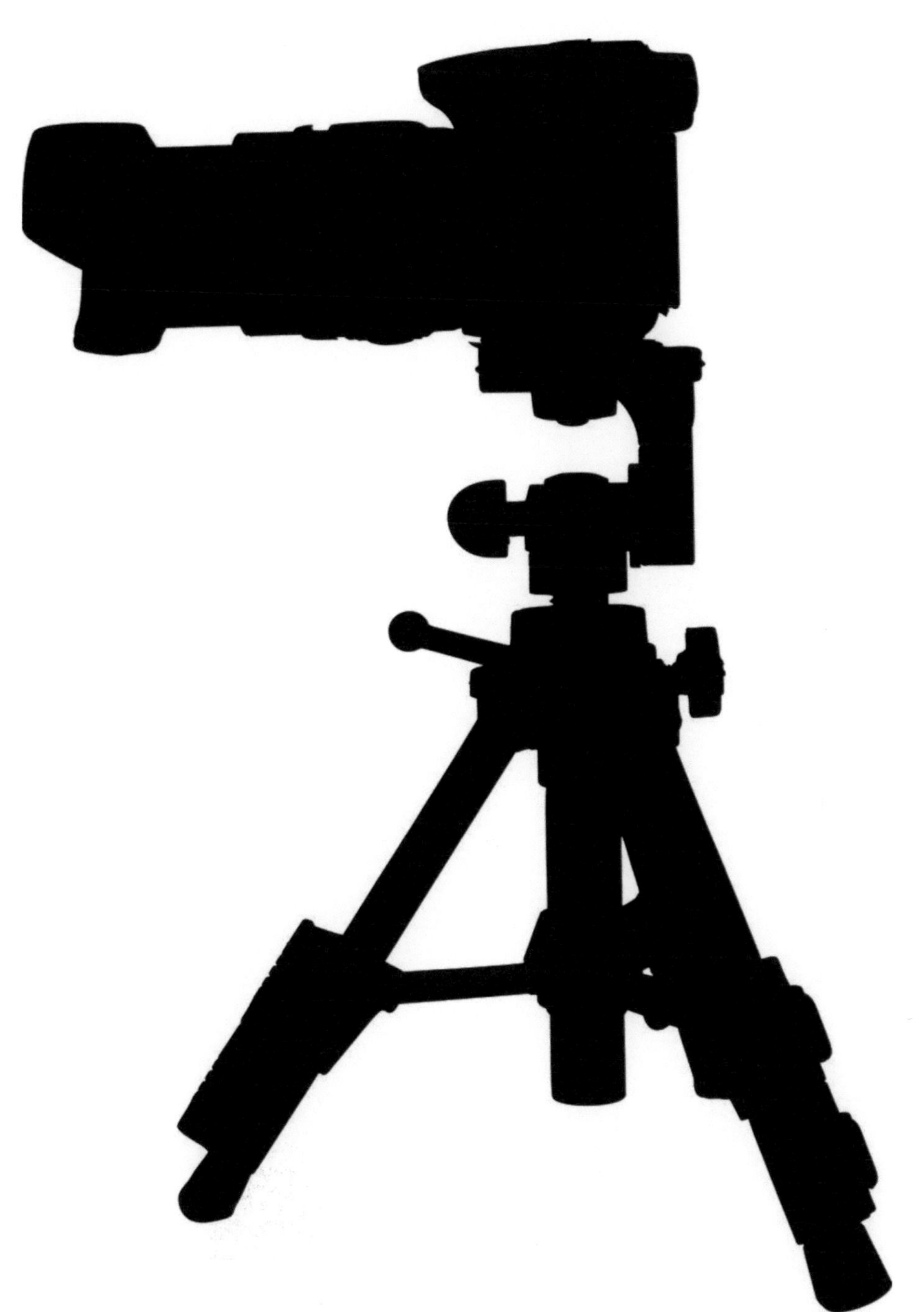